CW01466637

無《むー》苦《くー》集《じゅう》滅《めつ》道《どう》　無《むー》智《ちー》亦《やく》無《むー》得《とく》　以《いー》無《むー》所《しょー》得《とっ》故《こ》
菩《ぼー》提《だい》薩《さっ》埵《たー》　依《えー》般若《はんにゃー》波《はー》羅《らー》蜜《みー》多《たー》故《こー》　心《しん》無《むー》罣《けい》礙《げー》
無《むー》罣《けい》礙《げー》故《こー》　無《むー》有《うー》恐《くー》怖《ふー》　遠《おん》離《りー》一《いっ》切《さい》顛《てん》倒《どう》夢《むー》想《そう》　究竟《くーぎょう》涅《ねー》槃《はん》
三《さん》世《ぜー》諸《しょー》仏《ぶつ》　依《えー》般若《はんにゃー》波《はー》羅《らー》蜜《みー》多《たー》故《こー》
得《とく》阿《あー》耨《のく》多《たー》羅《らー》三藐《さんみゃく》三《さん》菩《ぼー》提《だい》　故《こー》知《ちー》般若《はんにゃー》波《はー》羅《らー》蜜《みー》多《たー》
是《ぜー》大《だい》神《じん》咒《しゅー》　是《ぜー》大《だい》明《みょう》咒《しゅー》　是《ぜー》無《むー》上《じょう》咒《しゅー》　是《ぜー》無《むー》等《とう》等《どう》咒《しゅー》
能除《のうじょう》一《いっ》切《さい》苦《くー》　真《しん》実《じつ》不《ぷー》虚《こー》　故《こー》説《せつ》般若《はんにゃー》波《はー》羅《らー》蜜《みー》多《たー》咒《しゅー》
即《そく》説《せつ》咒《しゅー》曰《わつ》　羯《ぎゃー》諦《てい》羯《ぎゃー》諦《てい》　波《はー》羅《らー》羯《ぎゃー》諦《てい》
波《は》羅《ら》僧《そー》羯《ぎゃー》諦《てい》　菩《ぼー》提《じー》薩《そ》婆《わ》訶《かー》　般若心経《はんにゃーしんぎょう》

般若心経　全文

摩《まー》訶《かー》般若《はんにゃー》波《はー》羅《らー》蜜《みー》多《たー》心《しん》経《ぎょう》

観《かん》自《じー》在《ざい》菩《ぼー》薩《さー》　行《ぎょう》深《じん》般若《はんにゃー》波《はー》羅《らー》蜜《みー》多《たー》時《じー》

照見《しょうけん》五《ごー》蘊《うん》皆《かい》空《くう》　度《どー》一《いっ》切《さい》苦《くー》厄《やく》　舎《しゃー》利《りー》子《しー》　色《しき》不《ふー》異《いー》空《くう》

空《くう》不《ふー》異《いー》色《しき》　色《しき》即《そく》是《ぜー》空《くう》　空《くう》即《そく》是《ぜー》色《しき》　受《じゅー》想《そう》行《ぎょう》識《しき》亦《やく》復《ぶー》如《にょー》是《ぜー》

舎《しゃー》利《りー》子《しー》　是《ぜー》諸《しょ》法《ほう》空《くう》相《そう》　不《ふー》生《しょー》不《ふー》滅《めつ》　不《ふー》垢《くー》不《ふー》浄《じょう》

不《ふー》増《ぞう》不《ふー》減《げん》　是《ぜー》故《こー》空中《くうじゅう》無《むー》色《しき》　無《むー》受《じゅー》想《そう》行《ぎょう》識《しき》

無《むー》眼《げん》耳《にー》鼻《びー》舌《ぜっ》身《しん》意《にー》　無《むー》色《しき》声《しょう》香《こう》味《みー》触《そく》法《ほう》　無《むー》眼《げん》界《かい》乃《ない》至《しー》無《むー》意《いー》識《しき》界《かい》

無《むー》無《むー》明《みょう》　亦《やく》無《むー》無《むー》明《みょう》尽《じん》　乃《ない》至《しー》無《むー》老《ろう》死《しー》　亦《やく》無《むー》老《ろう》死《しー》尽《じん》

切り取ってお使いください

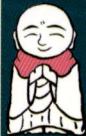

はんぶんでもいいから
にっこりわらって
やってみてください。
しんせんなこころが、
きょうからよみがえります。

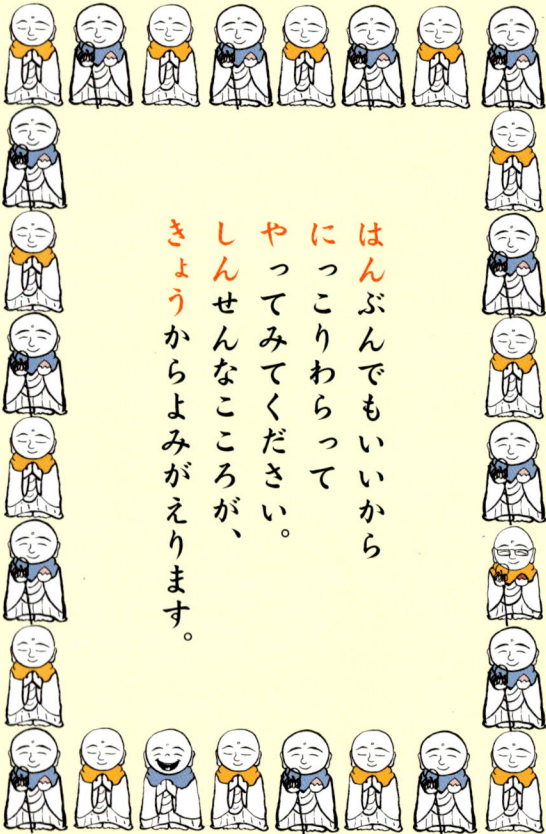

心が**すっきり**かるく**なる**

般若心経

元結不動　密蔵院住職

名取芳彦

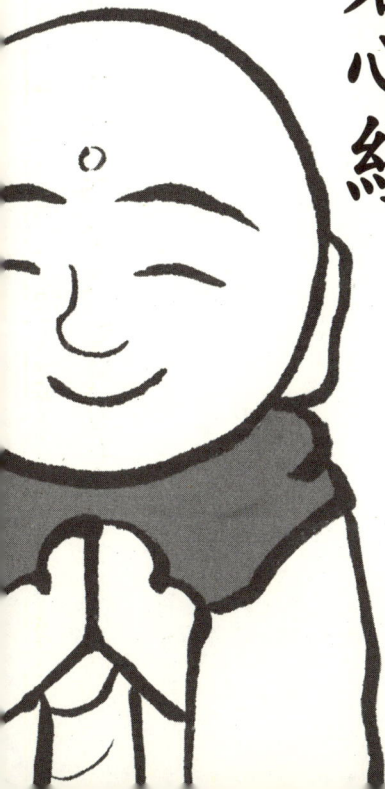

はじめに　〝心の荷物〟から自由になりましょう

小さな子どもと会ったとき、いきなり「はんにゃ〜は〜ら〜み〜た〜」と挨拶（？）されることがあります。たしかに不思議な響きを持った言葉だし、子どもが覚えるくらいですから、この言葉には芸人さんのギャグに匹敵するようなインパクトがあるのでしょう。

幸いなことに仏教と縁の深い日本に生まれた私たちは、大人になると、この言葉がお経の題名だと知ります。その中で使われる「色即是空《しきそくぜくう》、空即是色《くうそくぜしき》」や「不生不滅《ふしょうふめつ》」などの仏教語にも出合います。

しかし、その内容は難解で深遠な哲学のようなものと思い込み、自分の生活とは無縁なものとして見過ごしてしまいがちです。じつに、もったいない話です。般若心経には、苦や悩みを「楽」に変え、ニッコリ笑って人生を送るためのたくさんのヒントが詰まっています。さまざまな〝思い込み〟や知らぬ間に引きずっている〝心の荷物〟から自由になり、すっきり軽く、晴々とした心で今日を生きていく智恵が満載されています。

「とらわれるな、こだわりの檻《おり》のカギをはずし、こだわりを捨てろ」——という大テーマを説きながら、般若心経は悟りという心安らかな絶対の境地へ導きます。

そして現代を生きる私たちにとっては、「せっかく生きているんだ、心のくもりをはらって、笑顔で人生を生きようよ」というもう一つの大テーマが響いてくるお経だと私は思っています。人生を生きづらく感じている人にこそ、子どものような心で唱えてほしいお経なのです。

本書では、冒頭の「芳彦流全訳《ほうげん》」をはじめ、お経の言葉を足がかりとした仏教的〝おおらかな〟生き方について、できるだけやさしく書いたつもりです。各章の後半には「和尚の相談箱」というパートを設け、現実に人生に悩む方から寄せられた三十の相談事例に回答しています。般若心経が、実生活のどんな状況で、どのように役に立つかというサンプルのつもりでお読みいただければ幸いです。

本書をきっかけに、般若心経さらには仏教に興味を持っていただき、あなたの人生に笑顔が増え、さらにかがやくことを願ってやみません。

合掌　名取芳彦

摩《まー》訶《かー》般《はん》若《にゃー》波《はー》羅《らー》蜜《みー》多《たー》心《しん》経《ぎょう》

①観《かん》自《じー》在《ざい》菩《ぼー》薩《さー》行《ぎょう》深《じん》般《はん》若《にゃー》波《はー》羅《らー》蜜《みー》多《たー》時《じー》
照《しょう》見《けん》五《ごー》蘊《うん》皆《かい》空《くう》度《どー》一《いっ》切《さい》苦《くー》厄《やく》
②舎《しゃー》利《りー》子《しー》色《しき》不《ふー》異《いー》空《くう》空《くう》不《ふー》異《いー》色《しき》
色《しき》即《そく》是《ぜー》空《くう》空《くう》即《そく》是《ぜー》色《しき》
受《じゅー》想《そう》行《ぎょう》識《しき》亦《やく》復《ぶー》如《にょー》是《ぜー》

「般若心経」芳彦《ほうげん》流全訳

心が楽になり、すっきりする道しるべの教え

①観自在菩薩という仏さまが、悟りの境地へ到るとても奥深い智慧《ちえ》の修行をしていたときのことです。

私たちの肉体、眼や耳などの感覚器官、そして私たちが頭で考えることはすべて空《くう》なのだとわかって、こだわりがなくなり、心がすっきり、さわやかになったのです。

②観自在菩薩は、そばにいた舎利というお釈迦さまの弟子に言いました。

舎利さん、よくお聞きなさい。

私たちの肉体は物質ですが、物質というのは多くの縁の集合体なのです。そして、数多くの縁が集まって仮に物質になっているのです。肉体もさ

③ 舎《しゃー》利《りー》子《しー》是《ぜー》諸《しょ》法《ほう》空《くう》相《そう》
不《ふー》生《しょう》不《ふー》滅《めつ》不《ふー》垢《くー》不《ふー》浄《じょう》不《ふー》増《ぞう》不《ふー》減《げん》

④ 是《ぜー》故《こー》空《くう》中《じゅう》無《むー》色《しき》無《むー》受《じゅー》想《そう》行《ぎょう》識《しき》
無《むー》眼《げん》耳《にー》鼻《びー》舌《ぜっ》身《しん》意《にー》無《むー》色《しき》声《しょう》香《こう》味《みー》触《そく》法《ほう》
無《むー》眼《げん》界《かい》乃《ない》至《しー》無《むー》意《いー》識《しき》界《かい》

⑤ 無《むー》無《むー》明《みょう》亦《やく》無《むー》無《むー》明《みょう》尽《じん》乃《ない》至《しー》無《むー》老《ろう》死《しー》
亦《やく》無《むー》老《ろう》死《しー》尽《じん》無《むー》苦《くー》集《じゅう》滅《めつ》道《どう》

まざまな組織の集合体であり、日々新しい細胞と入れ替わって変化しています。また（液体である水が、冷やせば固い氷に、熱すれば水蒸気に変わるように）物質は、条件によって今、仮に存在しているのであり、条件により変化するものなのです。

　これは、物質だけではありません。私たちの感覚器官も、頭で考えることだって、条件によって次々に変化し、同じ状態にとどまることはありません。変わっていけるのに、変わろうとしないで小さな殻に閉じこもって苦しんでいることなどないのです。

③舎利さん、いいですか。

　昔と今は違うし、今とこれからも同じではなく、変化していきます。そういうものなのです。もともと決まった形や特色などないのですから、生じることもなければ、滅することもありません。汚いものもなければ、きれいなものもないのです。

無《むー》智《ちー》亦《やく》無《むー》得《とく》以《いー》無《むー》所《しょー》得《とっ》故《こー》

⑥菩《ぼー》提《だい》薩《さっ》埵《たー》依《えー》般《はん》若《にゃー》波《はー》羅《らー》蜜《みー》多《たー》故《こー》
心《しん》無《むー》罣《けい》礙《げー》無《むー》罣《けい》礙《げー》故《こー》無《むー》有《うー》恐《くー》怖《ふー》
遠《おん》離《りー》一《いっ》切《さい》顚《てん》倒《どう》夢《むー》想《そう》究《くー》竟《ぎょう》涅《ねー》槃《はん》
三《さん》世《ぜー》諸《しょー》仏《ぶつ》依《えー》般《はん》若《にゃー》波《はー》羅《らー》蜜《みー》多《たー》故《こー》
得《とく》阿《あー》耨《のく》多《たー》羅《らー》三《さん》藐《みゃく》三《さん》菩《ぼー》提《だい》

増えた減ったと一喜一憂することもないのです。

④眼・耳・鼻・舌・皮膚・意識も、物・音・匂い・味・感触・思考も、他の人とは異なるし、あなたがそこから何を思うかも、あなたが今感じていることも明日には感じなくなったり、違う感覚で受け取ったりすることになるでしょう。

⑤老いや死も仮に名づけられたもので、絶対的な定義などできません。年をとりたくないとか、死にたくないという苦しみも、空《くう》という原則がわかれば、恐れる必要はありません。

本当は、仏教の教えでさえ、こだわる必要がなくなる境地があるんですよ。船で川を渡ったら、もう船はいらないでしょう。仏教の教えはその船のようなものです。

⑥今まで多くの菩薩たちは、こうしたこと（それを智慧といいますが）を道しるべとして修行してきました。そして、心が自由になり、どんなこ

⑦ 故《こー》知《ちー》般《はん》若《にゃー》波《はー》羅《らー》蜜《みー》多《たー》是《ぜー》大《だい》神《じん》咒《しゅー》
是《ぜー》大《だい》明《みょう》咒《しゅー》是《ぜー》無《むー》上《じょう》咒《しゅー》是《ぜー》無《むー》等《とう》等《どう》咒《しゅー》
能《のう》除《じょう》一《いっ》切《さい》苦《くー》真《しん》実《じつ》不《ぷー》虚《こー》
故《こー》説《せつ》般《はん》若《にゃー》波《はー》羅《らー》蜜《みー》多《たー》咒《しゅー》即《そく》説《せつ》咒《しゅー》曰《わつ》

⑧ 羯《ぎゃー》諦《てい》羯《ぎゃー》諦《てい》波《はー》羅《らー》羯《ぎゃー》諦《てい》波《は》羅《ら》僧《そう》羯《ぎゃー》諦《てい》
菩《ぼー》提《じー》薩《そ》婆《わ》訶《かー》　般《はん》若《にゃー》心《しん》経《ぎょう》

※玄奘三蔵訳。般若心経の唱え方はさまざまです。ここでは真言宗豊山派の一般的な読み方を示してあります。

とにも心が邪魔されなくなったのです。心が邪魔されないというのは、恐怖心も生まれないし、自分勝手なものの見方もしなくなったので、心が楽になり、すっきり晴々したということです。

じつは、菩薩だけではなく多くの如来たちも、この智慧によって素晴らしい心の境地に到達することができたのです。

⑦さて、如来や菩薩たちが道しるべにしてきた──空を体得して、空に生きる智慧を──心に充満させる呪文があります。それは人知を越えた呪文で、灯台のように明るく、素晴らしく、比類なきもので、すべての苦悩から解き放たれる呪文なのです。では、その呪文をお伝えしましょう。

⑧ぎゃーてい・ぎゃーてい・はーらー・ぎゃーてい・はらそう・ぎゃーてい・ぼーじー・そわかー

以上が、心がすっきりして、楽に生きられる般若という智慧の真（心）髄です。

心がすっきりかるくなる 般若心経 目次

第二章

第三章 心の汚れは今からでも落とせます

第五章

第六章 「般若心経」を暮らしのなかへ

羯諦 羯諦 波羅羯諦 波羅僧羯諦 菩提薩婆訶 般若心経

第一章

「苦」を「楽」に変えて生きるには

観自在菩薩　行深般若波羅蜜多時　照見五蘊皆空　度一切苦厄

ご都合通りに
ならない
からって
おこっちゃ
いけません

すべては空《くう》であると知った菩薩《ぼさつ》は、あらゆる苦しみから解放され、心の自由を得ました。

観自在菩薩《かんじざいぼさつ》　行深般若波羅蜜多時《ぎょうじんはんにゃはらみったじ》　照見五蘊皆空《しょうけんごうんかいくう》　度一切苦厄《どいっさいくやく》

「空」を知ることがこのお経の最大のテーマ

般若心経《はんにゃしんぎょう》の冒頭に登場するのは、このお経の主人公である観自在菩薩。原語の訳し方によって観世音菩薩《かんぜおんぼさつ》（観音さまのこと）とも呼ばれる仏さまです。

「菩薩」とは、みずから悟りの境地を目指して修行しながら、世の人々に救いをもたらす仏さま。自分が悟りに達する準備は整っているのに、苦しんでいる人たちを先に悟りの岸へ渡らせようとするありがたいお方です。「観自在」とは、あらゆる面から自在にものごとを観るということ。

「行深般若波羅蜜多時」の般若波羅蜜多は、梵語《ぼん》（サンスクリット語）の「パンニャ（智慧《ちえ》）＋パーラム（彼岸《ひがん》＝悟りの岸）＋イター（到る）」をそのまま音写した言葉です。般若とは仏の叡智《えいち》をさし、一般に使う知恵や知識と区別して「智慧」と訳され、般若波羅蜜多を直訳すれば「智慧の完成」を意味します。

つまり般若心経は、「観じること自在な方が、智慧の完成のため実践していたときのこと……」とはじまり、照見五蘊皆空《しょうけんごうんかいくう》、すなわち「五つの要素の集まり（五蘊《ごうん》）である私たちの体や心の働きは、どれをとっても常に変化するもの（空《くう》）だとわかったのです」と続きます（五蘊・空については後述します）。

うんうん、それで？　という方のために、次の一句「度一切苦厄《どいっさいくやく》」が用意されています。「みんな空とわかったので、一切の苦厄（苦しみや八方ふさがりの状態）を度《ど》したのです」。「度」は「彼岸に渡す」の意味。苦悩から解放され、心が自由になったということです。

つまり般若心経の冒頭の一行には、「心も体もすべては空であると知ることで苦悩を克服できる」という、このお経の最大のテーマが集約されているのです。

なんとなくわかりましたか？　ここでは、むずかしそうな経文もちゃんと意味が通るのだなとわかっていただければ、けっこうです。

この世は「ご都合どおり」にはなりません

生きることがなぜ「苦」になるのか

冒頭の「度一切苦厄《どいっさいくやく》」にある「苦」について考えてみましょう。

「苦しい」という日本語のもとは中国語の「苦」、その一番目の意味は、甘い・苦い・辛《から》い・酸《す》っぱい・塩辛いの五味のうちの「にがい」で、口がこわばってつばが出ないような味を表わします。そこから不快で、つらいという感情を表わす言葉になりました。

さて、仏教が中国に入って「苦」と訳されたもとの梵語は「ドゥッカ」。その意味は「ご都合どおりにならないこと」。なるほど、私たちが苦しい、つらい、ああイヤだと感じるのは、みな自分のご都合どおりになっていないときです。

朝起きるのがつらいのは、もっと寝たいという ご都合が叶えられないからだし、嫉妬《しっと》するのは自分だけをかまってほしいという切なる願いが叶えられないから。

考えてみれば、私たちは生まれるときからすでに、ご都合どおりには生まれていません。人間に生まれようと思って生まれた人はいないし、時代も人種も、男か女かも、親を選ぶこともできませんものね。

このように、すべては私たちのご都合どおりにはならないことを「一切皆苦《いっさいかいく》」といいます。だから仏教でいう「苦」は、日本語では「ままにならないこと」としたほうがいいかもしれません。わがまま・勝手気ままのママ（儘）です。世の中はわがままや勝手気ままには暮らしていけません。

えっ？　世間には「気ままな暮らし」をしている人がいるじゃないかって？

そうです、そこに「一切皆苦」の世の中を「一切皆楽《らく》」にしていくヒントがあります。気ままな暮らしをしている人には、ほとんど「自分のご都合」がありません。成りゆきに従い、他のものに任せて従っていくことに徹すれば、「苦」はなくなります。しかし、それでは主体性がまるでありませんね。般若心経は「苦」を解決しつつ主体性をもって生きていくための一つのマニュアルなのです。

思い込みというヨロイを脱いで

自由自在な視点で人生を眺めれば

観自在菩薩の「観自在」とは、固定観念にとらわれない見方をすることです。いつも決まった角度からではなく、あらゆる面から自在に物事を観じること。自由で柔軟なものの見方ができてこそ、「空《くう》」を知り、苦から解放され、人々を正しく救いへ導くことができるのです。

さて、私たちは、今この時代に暮らしているということだけでも、国籍、性別、職業、立場、家族などの枠によって心を規制され、知らないうちに多くのことにとらわれています。さらに、他人のことには干渉しない、自分の損になることはしないなど、社会に出ていつの間にか身についてしまった処世術やさまざまな価値観で自分を固め、それにとらわれてしまっているのが現実です。

そして年を重ねるにつれ、思い込み・固定観念というヨロイが心の周りを覆《おお》い、それは放っておくとどんどん分厚くなっていきます。

こんなヨロイを着ていては、自由に、自在に動くことはできません。

他人のことに干渉しないという方針を、面倒くさがりの単なる言い訳じゃないのか、と自分へ問いかけるのを忘れてしまっていませんか？　はたから見れば損に見えることでも、それをやっている人は損得以上の大事なものを得たり、人生の奥行きを広げているかもしれません。一見無駄で損に見えることが、じつは人生を豊かにしたりするものです。

ヨロイが分厚くなっている人ほど、のびのびした豊かな人生から遠ざかってしまいます。般若心経は「そんなもの脱いでしまえ」と言っているのです。

思い込みという固定観念のヨロイを脱いでしまえば、すうっと背中が楽になります。するとそれまでと視点が変わり、あるがままに世界が見えてきます。

世の中には厭《いと》うべきものなど何もなく、そのままで世の中は素晴らしいことに気づくことができます。気づけば、にっこり笑えるのです。

〝大喜利〟のやわらか発想をヒントに

観自在な菩薩を目指すには？

人生をちょっと楽にする「観自在」。しかしどうすれば観自在になれるのか、という人は、テレビの長寿番組『笑点』（一九六六年五月放送開始）の人気コーナー〝大喜利《おおぎり》〟をちょっと思い出してみてください。

「住職さん、お墓の数が急に増えましたねぇ」「いいえ、ボチボチですよ」（こんな回答があったかどうかはさだかではありませんが……）といった具合に、毎回ユニークな珍回答や思わず唸《うな》る名回答が披露され、一つの問題によくあれだけ発想豊かな答えが出るものだといつも感心してしまいます。

私はあの大喜利こそ、観自在のお手本だと思うのです。重いヨロイが脱げずにいる人は、あの噺家《はなしか》たちのような自由な発想を生む訓練（修行）が必要かもしれません。ただ、大切なのは、人を楽しませるための観自在ではなく、自分自身の心が自由自在になるということ。昔から人々はその訓練をしてきました。

「人を見たら泥棒と思え」があれば「渡る世間に鬼はない」と発想を転換しました。素晴らしい絵を見て「こんな景色はあり得ない」と評した人に「でもあなたはこういう景色を見たいと思いませんか」と返した画家がいます。「木で仏像を彫る」のを「木に埋まっている仏を掘り出すだけだ」と言う仏師もいます。

私たちが目指すのは「観自在おやじ」でもないし「観自在事業家」でもありません。「観自在菩薩」です。菩薩は悟りを求めて修行しながら、他の人をも救おうとする人のこと。心安らかな境地にあこがれつつ、他に対する配慮も欠かさない、そんな素敵な人です。

だから、あなたの家族の中にも、会社にも、近所にも菩薩はいるし、あなたも私もその気になれば、すぐに「菩薩」になれるのです。

まずは手はじめに、日曜日の『笑点』を見終わった後、自分が出演者になったつもりで駄ジャレの三つ四つをひねり出し、観自在の訓練をしてみませんか。

ずっと変わらないものなんてない

心もカラダも変化しているという「空」の原則

般若心経の面白いのは、冒頭で結論を言ってしまうところ。

なにしろ初めの一行で、「観自在菩薩は五蘊《ごうん》はみな空《くう》だと照見して一切の苦から解放されたのです」と、主人公がどうなったかが明記されているのです。

仏教というのはあるとき突然何かがわかってしまうというようなすごい世界らしい――そんなふうに思い込んでいる方は、この一行を読むと、観自在菩薩が一瞬で空を体得したように思うかもしれません。しかし、そんなことは書いてありません。一瞬でその境地に達したのかもしれないし、少しずつ悟ったのかもしれません。私は少しずつであってほしいと思います。そのほうが私たちに近いですからね。凡人である私たちが心安らかになれるガイドブックでなければ、般若心経はこんなにも長く読まれ続けてはこなかったでしょう。

そこでこの一行のキーワード、「**五蘊**」と「**空**」に踏み込んでみましょう。**五蘊**とは次の**色**《しき》・**受**《じゅ》・**想**《そう》・**行**《ぎょう》・**識**《しき》のこと。

色は、物体としての私たちの身体。

受は、外からの刺激に対する眼、耳、鼻、舌、皮膚感覚の五つの感覚器官のこと。

想は、感覚器官から入った刺激を脳へ送る知覚のシステム。

行は、脳が過去の経験を総動員してその刺激を認識すること。

識は、認識した結果を判断する心の働き。

――これら五つの要素で構成されるのが私たち人間の正体であるということです。まあ、昔昔のその昔によくここまで分析したものだと思います。

そして**空**は、私たちの正体の五蘊は常に変化するものだから、固有の実体があるわけではない。体も日々老化（成長）するし、眼だって悪くなる、味覚も変わってくるし、耳だって遠くなる――今の状態がずっと続くなんてことはない、すなわち「不変のものなど何もない」という大原則のことです。

この世はぜんぶ「空《くう》」だと気づけば

心にきれいなお月さまが現れて

みな「空《くう》」だからこそ、苦しいこともやがては楽になり、イヤだと思っていたことも条件が変化すれば「へぇ、面白いな」と思えるようになります。

しかし天邪鬼《あまのじゃく》な方は、物事すべてが変化するのなら、今楽だと思っていることも苦しみに転じて、心安らかにならないではないかと思うかもしれません。

ところが、面白いことにそれが大丈夫なのです。空という大原則に気づいて、心の思い込みが取り除かれていくと、月にかかっていた雲が吹き払われたように、きれいなお月さまが心に現れてきます。

この世は金がすべてと金儲けに明け暮れている人は、やがてお金や贅沢な暮らしなどうでもよくなるでしょう。人をいじめることが楽しいと思っている人は、いつかは愚かさに気づいて心のトゲが抜け、心安らかになるでしょう。

このように、思っていること（識）は一定ではなく変化するものだというのが、前項でふれた色受想行識のうちの「識が空」であるということです。

「色《しき》」で表わされる物質としての私たちの体も、常に変化してやみません。生まれて少しずつ成長し、老化を経ていつかは寿命が尽きます。いつまでも若い肉体でありたいと思ってもそうはいかないのが空という大原則。「そうは問屋が卸さない」ではなく、「そうは空が許さない」のです。

私たちの肉体や精神活動を含め、この世のすべてのものが変化し続ける理由は何かといえば、次々に新たな条件が加わっていくからです。お腹が空いていても、ごはんを食べるという条件が加われば満腹に変化するし、小学生のとき広く感じた校庭も、大人になり視線が高くなれば「こんなに狭かったの」と感じます。

この空という大原則がわかると、多くの苦悩の原因となる「一つの思考や物事に執着し続ける」ことがいかに無意味であるかがわかってきます。般若心経はこの空によって、とらわれるな、こだわるな、と教えてくれるのです。

ご都合優先をやめるだけでグッと楽になる

あなたの苦悩を減らしていくには

世の中はあなたのご都合どおりにならないことばかり――これを称して「一切皆苦」。老いや病《やまい》や死という人生の大問題だけではなく、私たちにご都合があるかぎり、毎日が苦の連続です。

顔を洗うのも歯磨きもお化粧も面倒だ、苦だという人もいるでしょう。朝食は納豆ごはんが食べたかったのにパンしかなければ、ご都合どおりではありませんから苦と感じます。

外へ出れば天気が悪い。この〝悪い〟とか〝良い〟と思うのも私たちのご都合。仕事がはかどらないと思うのもご都合……あげれば、きりがありません。

苦は私たちのご都合が多ければ多いほど、それに比例して増えていきます。そのカラクリがわからずに自分のご都合ばかりを優先していると、あれもダメ、これもうまくいかないと文句や愚痴ばかり言って人生を過ごすことになります。

そんな人生、つまらないでしょ？　ごはんが食べたいのにパンしかなければ、パンを美味《おい》しく食べる方法に思考をシフトすればいいのです。食パンなら卵と牛乳を混ぜ、フライパンで焼いてフレンチトーストにしてもいいでしょう。紅茶が美味しく飲めるのもパンのおかげだと、飲み物を中心に考えてみるのもいい。

現実をそのまま受け入れる心のやわらかさと、それに自在に対応する心を訓練することで、人生は面白くなるのです。

梅雨どきには、パッと開くのが楽しくなるようなお洒落な傘を新調したり、ときには静かに雨音に耳をすますのもオツなもの。炎暑の夏がきたら、「お気に入りの扇子の出番だ」と粋《いき》に扇子をバッグに入れて出かけましょう。仕事がはかどらなければ、「この仕事はかどらない、なかなかこの仕事、あなどれない」なんて駄ジャレの一つも言ってみると、はかどらないことへのこだわり（ご都合）を減らす効果があります。ご都合が減ると、肩がすっとラクになりますよ。

いらない荷物を引きずっていませんか

ご都合に左右されない自分をつくる

自分のご都合どおりにできそうなものは、頑張ってやればいいのです。そうすればよけいな苦は生まれません。どんな服を着るか、何を食べるか、家事をどうこなすかなど、一日のうちで自分の努力（?）で、ご都合どおりになり、楽に変わることは意外と多いものです。

生まれついた男女の性別や家族構成、果ては雨や地震の自然現象などは、個人の都合ではどうにもなりませんね。ただ、男はいいなあと思う女性も、雨が憂うつな人も、多くの人は現実を受け入れているので苦とは感じていません。これらのことは私たちのご都合以前であり、〝ご都合を越えていること〟だからです。

一方で対人関係は、相手がいるために自分のご都合どおりにはならないという典型です。気心の知れた友だち同士や家族であっても、双方が自分の都合を通そうとして喧嘩になることも多々あります。職場の同僚にしても、客商売や恋愛でも、こちらの思惑《おもわく》どおりに相手は動いてくれません。職場では上司と部下という立場の違いがあり、客商売は売り手と買い手の違いだけでなく、損得もからみます。男女の深い溝をへだてた恋愛なら、なおさら大変でしょう。

こうした人間関係を苦として悩み、傷つく人は本当に大勢いらっしゃいます。そんな人にこそ般若心経は支えになります。そう、観自在の目と、とらわれない心です。「空」を知り、ご都合に左右される必要もない自分を発見すること――それも般若心経の教え。せっかく思い込みや固定観念というヨロイを脱いでも、「ご都合という荷物」を引きずっていては晴々《はればれ》とした人生はやってきません。

男女の関係も、振り向かせたい、愛されたい、一人占めしたいといった両手いっぱいの荷物を引きずっていてはうまくいかないものです。ときには、手ぶらのまっさらな自分で相手に向き合うことも大事です。相手のご都合さえもあるがままに受け入れる菩薩の心が、苦の解決に大いに役立つはずです。

嫌いな人とどう接すればいい？

同じ職場に、どうしても好きになれない人がいます。普通に接しようと努力してもだめで、どんどん嫌いになり、気をつかうので疲れます。今では毎日顔を合わせるのも苦痛です……。どう接すればいいでしょうか？（32歳女性）

好き嫌いという関心の外においてみる

この相談ですぐ頭に浮かんだのは、仏教の「四苦八苦」という言葉。

すでに述べたように「苦」とは自分のご都合どおりにならないこと。そして、人生においてご都合どおりにならないことの代表が、「四苦八苦」の最初の四苦

――①生まれること、②老いること、③病気になること、④死ぬこと――つまり「生・老・病・死」です。あとの四つは、⑤愛する者と別れなければならない苦しみ（愛別離苦《あいべつりく》）、⑥嫌いな人と会わなければならない苦しみ（怨憎会苦《おんぞうえく》）、⑦求めても得られない苦しみ（求不得苦《ぐふとくく》）、⑧私たちの存在自体がご都合どおりにならない苦しみ（五蘊盛苦《ごうんじょうく》）。①～④までは四苦、①～⑧を合わせて八苦――これを称して「四苦八苦」といいます。

この相談は、⑥嫌いな人に会わなければならない苦しみですね。具体的に相手のどんな点が嫌いなのかわかりませんが、顔を合わせるのも苦痛となれば……まずは、あなたが対処できる方法を整理しましょう。

抜本的な解決を求めるなら、その嫌いな相手の方と顔を合わせずにすむ状況をつくることでしょう。つまり相手との物理的な距離をおくことです。

たとえば、職場でその方とのデスクが近いとか、同じ部署のグループにいるような場合、あなたか相手の方のどちらかを配置転換（異動）してもらえないか、上司に相談してみてはいかがでしょう。ただし、同僚の異動をお願いしても普通は聞き入れてもらえませんね。現実にはあなた自身が異動を願い出るか、職場を変える（会社を辞める）という選択肢が見えてきます。方法としては乱暴なようですが、会う機会が激減するわけですから苦痛はなくなるでしょう。

いや、職場の異動も仕事を変えるのも無理、というのであれば……。

まず、疲れる原因の〝気をつかうこと〟をやめたらどうでしょう。

愛することの反対は憎むとか嫌うではなく、無関心です。どうしても好きになれないなら関心の外におくのです。無視ではありません。無視ではイジメです。そんなイジメをすればあなたの心が小さく醜くなってしまいます。

職場で見かけたら、笑顔で会釈して「ああ、今日いたんだ」と思うくらいに無関心でいればいい。仏教的な方法と現実的な方法を組み合わせれば、「嫌い」という自分のご都合をなくして「無関心」になり、「会わなければならない」のではなく、「たんに顔を合わせている」と淡々と受け取れるようになるでしょう。

自分の物差しだけで判断しない

以上がまあ普通の対処法かもしれません。でもここからです。

あなたは相手のどんなところが嫌いなのでしょう。ひょっとしたらあなたは、その人の仕事のやり方や、日常の挨拶といった社会人としての常識、あるいは自分のことしか考えないといった人間としてのモラルを、自分が一〇〇%正しいと信じる価値観（自分だけの物差し）だけで計っていませんか？

学校の数学の文章問題は、内容が明瞭にわかればいいのですから、「文章が美しくない」と国語の先生が怒っても仕方がありません。お相撲を「裸同然で人前に出るとは卑猥《ひわい》で失礼だ」と怒る人もいないでしょう。般若心経の「五蘊《ごうん》はみな空《くう》」とは、「物差しなんて伸びたり縮んだりする」ということなのです。あなたの価値観だけが世の中を計る「正式な物差し」ではないのです。

電車の中で足を組んでいる人を見たら、「普段は足も組めない部屋に住んでいるのだな」と思う。使用禁止の場所で携帯で話している人を見たら、「携帯電話はご遠慮くださいの『遠慮』という字が読めないのだな」と思う――ぜんぜん仏教的じゃありませんけどね。でも、今の私ならそう思うことで、その場の自分のいらだたしさを収めることでしょう。

いずれにしろ、意地悪な態度やトゲのある言葉で相手を変えようとしても、あなたの魂によくありませんから、別の方法を考えてください。

ささいなことで腹が立つ

日常生活のささいなことでよく腹が立ちます。周りを見てもいい大人がつまらないことで言い争いしていたり——。すぐムカッ腹を立ててしまう自分がときどき情けなくなります。怒りという感情をおさえる（なくす？）にはどうすればいいでしょうか？（48歳男性）

ご都合を明らかにして上手に諦める

これも「自分のご都合」が大きいために起きる問題です。
世の中のほとんどは自分のご都合どおりにはなりません。だから、どこかで妥協してみんな生きています。「四苦八苦」は言うに及ばず、家庭でも毎日炊くごはんの固さから、おかずの種類、風呂の順番やテレビ番組まで……。

ご都合どおりになるもの・ならないものを見極めて、物事のほとんどは「自分のご都合どおりにはいかない」ということをしっかり納得して、初めて「まあ、いいか」と諦めることができます。「諦め」と「明らか」は同じ語源だといわれています。物事が「明らか」にならないと「諦め」られないのです。

ごはんが固いなと思ったら、よく噛んで食べればいい。顎《あご》の筋肉も丈夫になるし、かえって消化もよくなるわいくらいに考えて、「ごちそうさま」とニッコリ笑いましょう。

風呂の順番が後になっても、家族が先に気持ちよく入れたのだからよかったと喜べばいい。テレビ番組がツマラナイなら、読書の時間ができたと思えばいい。「何も面白い番組をやってない」などと愚痴らず、「面白い番組をつくるのは、なかなかむずかしいものなんだな」と思ってスイッチを切ればいいのです。

日本に来た外国人が不思議に思う光景の一つに、電車に乗ろうとした直前にドアが閉まって乗れなかったときの表情があるそうです。多くの日本人は悔しそうな顔をせずに自嘲気味にニヤッと笑うというのです。なぜ悔しい顔をしないのかと外国人の目には不思議に映るそうです。

しかし、私はこれが日本の文化の貫禄《かんろく》というものだと思うのです。なぜって、乗れなかったのは自分の責任だからです。電車のドアを閉めた車掌さんが悪いわけではありません。乗りそこねた乗客のためにドアをいちいち開けていたのではいつまでも発車できません。自分の責任で乗れないことが明らかになっているので、乗ることを「諦め」て、ニヤッと笑えるのです。

自分は「まだまだだな」と自覚する

人はもともと自分を否定されることは好みません。「あなたの考えは間違っている」と言われれば、「そんなことはない」と反論したくなります。しかし、ここが貫禄の見せどころ。

浪曲『天保水滸伝《てんぽうすいこでん》』の中にこんな一節があります——。

「いいか、どっからでもかかって来いなんて啖呵《たんか》をいつまでも切って世間を渡るんじゃねぇ。人に殴られたら、『お手は痛みませんでしたか』と言えるくれぇじゃなくてどうする」

私はなるべく「自分はまだまだだな」と思うようにしています。

朝起きてから昼までに何を見、どんな音を聞き、何を食べて、それらから自分はどう思ったか……それを午後一番に出会った人に言えないようなときに（これは私の日課の一つなのです）、「まだまだだな」。

お店などで並んでいる列に割り込みする人に、「みんな並んでるんですよ」と相手がその場にいたたまれないような言葉しか言えないとき、「まだまだだな」（その場の全員を和ませるような言葉がきっとあるはずです）。

こうして「まだまだだな」と思うことを習慣にすると（仏教では「無明《むみょう》の自覚」といいます）、心がたがやされ、少しずつでも自分を高めることにつながります。

そして、自分が否定されても、「まったくそのとおりかもしれません。こんど時間があるときに、無い知恵を、ジュースじゃねぇがよおく絞って考えてみることにしやしょう」と気の利いたセリフを返せるようになれる気がするのです。

貫禄という言葉は仏教語ではありませんが、お釈迦さまはきっと貫禄十分だったことでしょう。心、たがやしましょう！

病気や死が怖くてたまらない

最近たて続けに友人や親戚が亡くなり、病気になる近親者も多いです。母親も病気で亡くなっています。自分もだんだん年をとることが怖くなり、病気や死が恐ろしくてたまりません。（46歳女性）

病《やまい》や死はこの世にあふれている

こういう相談をされる方は、仏教的な意味でほとんど悟りの入り口に立っているのではないかと思います。

普通は、他人の死や病などは文字どおり〝他人事〟として「自分には関係ない」

と思うものです。あるいは、〝いまわしいこと〟として、考えることさえ放棄してしまう人が多いものです。

そんな中で、誰にでもやってくる老いや病や死を、わが身の問題として考えることができるなんて、なんと勇気があるのでしょう。そして、なんと現実と正面から向き合おうとしているのでしょう。

あげ足を取るような書き方で申し訳ないのですが、死を身近に感じるようになったのは、あなたが、親戚のおじさんやおばさんがたて続けに亡くなる年齢になったのです。

私が住職をしている密蔵院というお寺でも、五人も六人もいる兄弟たちが、どうせ埋まるなら親が眠っているそばがいいと、お墓の場所を並んで確保しているお宅があります。いつ入ることになるかわからないお墓を確保して数十年が経過。兄弟たちの年齢差は二、三歳ですから、病気になったり、亡くなったりする人が続出することになります。そういうものです。

お近くの病院や診療所へ行ってごらんなさい。世の中にはこんなに病気の人がいるのかと驚きます。近くに火葬場があったら朝から夕方まで、入り口で本でも読みながら座っていてごらんなさい。火葬場に入ってくる霊柩車の多さに仰天するはずです。お母さまが病死されているとのことですが、病気が原因で亡くなるほうが自然でしょう。

弱い心を受け止めてくれるのが仏さま

「生・老・病・死」は誰にも避けられない苦の代表です。生まれること、老いること、病になること、死ぬことは、私たちのご都合どおりにはなりません。

いつどのような人間として生まれるかは、私たちのご都合が入り込む余地はなく、選べないのです。選択の余地なく生まれた私たちは、老いたくなくても年をとり、病気はいやだと思っていてもなるときはなり、死というすべての人に公平に訪れるゴール目指して歩まなければなりません。

こうした、私たちにはどうしようもない現実（真実）に対応するには、「自分のご都合どおりにしようと思わない」こと。つまり、自分のご都合を捨ててしまうことです。

「なるようになるさ」と開き直るのも一つ。

「なるべくしてなっているなぁ、世のことわりとはたいしたもんだなぁ」と感心して受け入れてしまうのも一つです。これが仏教の対処法です。

もう一つは自分だけで怖がっていないで、助けを求め、すがることです。

「年をとるのはいやです。どうか若いままでいさせてください」と懇願し、「病気で苦しむのだけは勘弁してください」と泣き叫び、「死にたくありません。どうか死んでも命がありますように」とオロオロできる相手を見つけるのです。

仏さまは、そんなあなたにやさしく（あるいはときに厳しく）接してくれるはずです。

身内の不幸が多いのは霊障のせい？

占い師に、子どもの病気や身内に不幸が多いのは霊障《れいしょう》のせい（早死にした親戚の霊が障《さわ》りになっている）と言われました。どうすればいいのでしょうか。（38歳女性）

なぜ霊のシワザになるのか

よく檀家さんから「霊の障《さわ》りってあるんですか？　住職さんわかりますか」と聞かれますが、あはははは。残念ながら私にはわかりません。

しかし、不幸の原因が「霊の障りだ」と言われて来た方には、拝む方法は伝えられているので、それに従って拝みます。拝んだ結果、霊の障りが解消したかどうかは、これまた私にはわかりません。私はただ、仏さまにお願いしきってしまうだけなのです。

昔から、日本では占い師（鑑定する人）と、拝む（祓《はら》う）人は別でした。一人の人間が、占い師と祈祷師の二役を兼ねることは道義的に避けるべきだという暗黙の了解があったのでしょう（あるいは、霊視する能力とお祓いできる能力は両立しないのかもしれません）。

ところが、最近では同一人物が二役を兼ねる、あるいは同一組織の中に双方が所属している場合があります。このような場合、詐欺まがいの商売（人の恐怖心をあおる、負い目につけ込む金儲け）であることが多く、注意が必要です。

ご相談にあるように、子どもが難病になったり、ケガや病気が続いたり、不慮の事故や若い年齢での死などが現実となった場合、私たちは原因を求めたくなります。確率的には少ないはずのこと（普通ではないこと）が、わが身や身内に起これば「どうして？」と辻褄《つじつま》あわせがしたくなるのが人情であり、偶然（たまたまそうなった）という言葉では片づけることができなくなるのが人の心理です。

ある種の占いなどは、その辻褄あわせを、私たちには見えない霊のシワザであるとします。霊界があるか無しかは別にして、その霊が現世の私たちに祟《たた》るかどうかは私たちにはわかりませんから、「これは霊の障りです」と言われれば、一応の辻褄があいます。

しかし、自分の禍《わざわい》や不幸について、霊を関連づけるのはやめることをおすすめします。

病気になったのには理由があります。遺伝、ウイルス、生活習慣など、合理的に考えていくと必ず原因があるのです。原因の追求はそこまでにしておき、後は治療に専念したり、その病気を背負ってどう生きていくかを考える――これが仏教でいう智慧なのです。

不幸やアクシデントを霊のせいにしない

霊の障りや祟りの問題は、その原因である「不幸」がカギになっています。

「幸・不幸」や「禍・福」は、それを感じる人の心の問題なのです。万人、万国、全時代を通じた共通の絶対的な不幸や禍はありません。幸も不幸もじつは個人の「ご都合」で左右されることがほとんどだからです。

昔から日本では先祖を大切にする習慣があり、これは「ご先祖を大切にすれば子孫を守ってくれる」というギブ&テイクの考え方が土台になっています。

しかし、それは同時に「大切にしていない先祖は祟る」「ちゃんと供養をしていないから身内によくないことが起こる」という考え方を生じさせる可能性もあるわけです。そういう辻褄あわせは危険だということです。病気や何かアクシデントがあると、インチキ占い師は「○○の霊があなたに何か気づかせようとしているサインです」ともっともらしく言い、霊感商法などでは私たちの心に揺さぶりをかけるために利用してきます。

さて、占い師に「あなたの不幸は霊の祟りです」と言われて不安になったら、まず近所のお寺にご相談ください。ただ、「一霊のお祓いにつき○○円」と決まっているようなところは避けたほうがいいでしょう。

ちなみに私は拝みますが、お布施については「いくらでもいいですよ。それも拝んで霊の祟りが消えたらお持ちください」と答えます。それが、現代の霊感商法に対する僧侶としてのケジメだと思うからです。

「智慧」のある者の行いとは

日常の中で本当に「智慧《ちえ》」のある人の行いとはどういうものなのでしょう。人への思いやりなど、何か具体的な例をあげて教えてもらえるでしょうか。（41歳女性）

智慧とはやさしさを生じさせる力

「やさしさ」というのは人類が存在するために自然に備わっているものだろう、という話を聞いたことがあります。

これを仏教では、本当のやさしさ（慈悲）というのは「智慧から発生するもの」と分析しているような気がします。

その智慧にもさまざまな定義がありますから、「やさしさを自然発生させる宇宙の力」＝「智慧」ということもできます。

しかし、ここではより具体的に話を進めましょう。

慈悲を発生させる智慧は、とくに「他との共通項（関係性）に気づく力」のことなのだと私は思います。「縁」といってもいいかもしれません。

たとえば今、あなたと私は本書の読者と筆者という関係にあります。どこかで出会って、「えっ？　あの本を書いた坊さんなの」「えっ？　あの本読んでくれたんですか」――これに気づいただけで「ちょっとそのへんでお茶でも飲みますか」などとやさしい言葉が出ることになります。

ほかに誰でもわかる共通項といえば、肉親・親戚同士、同窓生、同郷、職場の同僚、同好会仲間など……これらに所属する人たちには仲間意識が生じるので、和気あいあいとお互いを思いやる心があります。ほかにも、一人っ子同士、血液型が一緒などで話が盛り上がった経験は、誰にでもあるでしょう。

ある企業の大きな工場で、十四の職場に出向いて「観自在」について講演をする機会がありました。

これを企画してくれたのは健康管理室（保健室）の看護師・Sさん。心身ともに行きづまりを感じている職員が増えてきたことに気づいた彼女は、せめて心を自由にしてもらえたらと思い、「そうだ、坊さんを呼ぼう」と考えたそうです。

ここから、Sさんのやさしさに裏打ちされた智慧が表われます。

一回目の講演でお邪魔した際に、彼女は私にこう言いました。

「お坊さんが話をしに来てくれるから希望する職場は申し込んでください、と案内を回すと元気な職場ほど申し込みが早いんです。でも、それでは意味がないんです。私は、たぶん反応がないだろうと思われる職場を最優先でこの企画に誘ったんです」

あなたと私、智慧と慈悲が一つになる

彼女のとった行動は、仕事の一つと考えることもできます。しかし、私はこれを「職務の一環として当然である」というドライな割り切り方はしたくありません。「同じ会社の従業員」としてなんとかしてあげたいという温かい思いがあることのほうが、ずっとずっと人として大切だと思うのです。

困っている人を助けるとき、「困ったときはお互いさま、いつかわが身ですからね」という言葉を聞くことがあります。しかし、うがった見方をすればこれはギブ&テイクの発想。「情けは人のためならず（いつか自分に返ってくる）」といった処世術と同根のような気がします。

そんな自分への見返りを期待せずとも、仲間だと気づきさえすれば、ギブ&ギブ、どこまで行ってもギブ&ギブでいけるはずです。

同じ地域に暮らしている者同士、同じ時代に生きている者同士、同じ地球に生きている（存在している）者同士。すべてが自分と何かしらのかかわりや共通項を持っていることに気づく智慧。そして、そこから発生する慈悲――これが「合掌」という形になって今に伝わっています。

「あなた（右手）と私（左手）は一緒なんですね」ということに気づいたシンボルです。合掌する姿が多くなる生き方をすると、自然に智慧のある行いをできるようになるのだと思うのです。

和尚のコラム 1

お経ってなんだ？

仏教発祥の地、インドの言葉は横書きです。昔は大きな一枚の葉っぱに文字を書いていました。文章量が増えると何枚もの葉に書きます。そこで、それをつなぐために、葉の両端に縦糸を通しました。この縦糸のことを「経《けい》」といいます。地球を縦に割った線を経度っていうでしょ。あの「経」です。

やがて、縦糸でつながった葉に書かれた、仏さまの教えそのものを〝お経《きょう》〟と呼ぶようになりました（私たちが手にするのはジャバラ式になっているので経＝縦糸と言われてもピンときませんけど）。

お経はお釈迦さま没後に書かれたものなので、多くは「私はこのように聞いています（如是我聞《にょぜがもん》）」という言葉ではじまります（般若心経は省略形）。「生死について」「世界の有り様について」「煩悩について」というふうに、膨大な数のお経が書かれました。どれもが悟りに到る道へのゲート（門）の役目を果たしているので「八万四千の法門」と呼ばれます。

その中で偉いお坊さんが「私はこのお経がいい」と、自分が悟る方法に適したお経を選びました。これが仏教の中に宗派が分かれている理由なのです。

第二章

「今ここで」できることを精一杯に

色不異空　空不異色　色即是空　空即是色　受想行識亦復如是

すべてのものに固有の実体というのはなく、さまざまな条件が重なってそこに存在しています。その条件は常に変化しているから不変の存在というものはないし、私たちの感覚や心もまた同じなのです。

舎利子《しゃりし》　色不異空《しきふいくう》　空不異色《くうふいしき》　色即是空《しきそくぜくう》　空即是色《くうそくぜしき》　受想行識亦復如是《じゅそうぎょうしきやくぶにょぜ》

肉体も心も条件次第で変わっていく

この一節は、観自在菩薩が弟子の舎利子に、五蘊《ごうん》の中の「色《しき》」を例にとり、あの手この手で「空《くう》」との関係を説く部分です。舎利子（シャーリプトラ）はお釈迦様の十大弟子の一人で、「子」は孔子や老子などと同じ敬称です。

前章でもふれていますが、仏教でいう「色」とはカラーの色ではなく、物質のこと。この本も木も石もボールペンも物質なので「色」と表現します。

般若心経では「空」を説明するのに、私たちに最も身近な五蘊という人間存在について語りはじめます。そこで登場するのが五蘊の中の「色」、この場合は狭義の「肉体」という意味です。ここで「空」についておさらいしておきましょう。「空」――すべてのものには永遠不変の固有の実体というものはない。――（なぜなら）すべてのものはさまざまな条件が集まっているだけである。――（そしてその）条件は常に変化していくから、すべてのものには固有の実体はない。

これを踏まえて、「私たちの体は、〃ものには実体がない〃という空の原則から離れて存在しているわけではないし（色不異空）、〃条件が集まっている〃という空の大原則は私たちの体についてもあてはまることなのだ（空不異色）。私たちの体は〃常に変化していく〃し（色即是空）、〃同じ状態ではあり得ない〃のが私たちの体なのだ（空即是色）」――となるわけです。

続く「受想行識亦復如是（受想行識もまた是《か》くの如し）」とは、体と同じように、感覚も意志も認識もすべて実体はなく、常に変化していくということ。物質的存在だけでなく、「感覚や心もまた空である」というのです。

さてさて、私たちが毎日付き合っている身近な肉体からスタートした空の説明。これよりいかがな展開になりますか。

人生はきらきら変化する万華鏡

すべては条件で変わっていく「空」の大原則

「空《くう》」という大原則——それは常に変化してやまないという法則。日本ではこの「空」が持つ性質の一つを、古くから諸行無常《しょぎょうむじょう》という言葉で表現してきました。

「祇園精舎《ぎおんしょうじゃ》の鐘の声、諸行無常の響あり。娑羅双樹《しゃらそうじゅ》の花の色、盛者必衰《じょうしゃひっすい》のことわりをあらはす」——という『平家物語』の格調高い書き出しはその代表的なもの。

響き渡る鐘の音もいつかは消えるフェイドアウト状態。花の色もやがては枯れて（格言に曰《いわ》く「世の中は娘が嫁と花咲いて、母《かか》としぼんで、婆と散るなり」）、盛《さか》る者も必ず衰えるのが世の定め。おごれる者はいつかケチョンケチョンにされ、春の夜の夢もカラスがカァですぐさめる……（格調低くして申し訳ない）。

こうした無常観といわれるものが日本人の中には脈々と流れていて、栄華は長くは続かない、無常=はかないというイメージを持つ人も多いでしょう。そのため諸行無常は「栄えたものが衰える・良かったものが悪くなる」という意味ばかりとらえがちですが、そんなことはありません。悪かったものが、あるいは普通だったものが良いほうへ変わるのも諸行無常なのです。

咲いた花がやがて枯れるのも、自分の種子を残して命をつなぎ、再び美しく咲くための無常の営みです。凡人が諸条件のおかげで成功者となり、謙虚だった人が調子に乗っておごれる者になり、はかない夢を見るのも、起きっぱなしではいられないという変化の法則(諸行無常)ゆえです。

今のあなたがこれから良く変われるのも諸行無常のゆえ。諸行すなわち一切の事物は条件によって変化するから、固有の実体はない——これが空でしたよね。私たちが過ごす世界での最大の変化条件は〝時間〟かもしれません。一方、目に見えない心の領域では〝経験〟が私たちの考え方を変化させる大きな条件です。

時間や経験などの力が加わって、少しずつ回転し変化する——私たちの人生は万華鏡です。

明日のことより「今ここ」が大事

今日のあなたがいちばん若い

時間や経験などの条件によって万華鏡のように変化していく私たちの心。その心を持った人たちが作る家庭や社会。したがって、（良くも悪くも）心変わりする人々が作り上げる家庭の中では、会話も変化するし、状況も変化します。怒鳴り合っていた家族がお互いをいたわれるようになったり、散らかり放題だった部屋が片づいたりします。それは、職場でも、社会でも、広い世界でも同じことです。

こうして変化してやまない、いわば私たちのご都合に関係なく、他の縁によっても変化してしまう不確実な人生。その中で他の一切から影響を受けない確実なこととは何でしょう?

——それは、誰もが「今」という時間を生きているということです。

ときどき年配の方と話をしていて、「写経でもやってみたらどうです」とか「一緒に拝みましょうよ」とお誘いすることがあります。その際、断られる理由で最も多いのは「もう年ですから……」という一言。そんなとき、私は言います。

「もう年だから今さらやれないとか、やらないとかって言いますけどね。今日より若い日は、いや、今より若いときは、この先ないんですよ」

すると、言われたほうは一様にイヤな顔をされます。

「もうこの先は年をとるだけじゃないか」と言われたように感じてしまうようです。しかし、私の言いたいのはそういうことではありません。

私が言いたいのは「今日がいちばん若いのだから、何かをはじめるなら今日でしょ。明日になったら一日年をとって、なおさらやらない。結局いつまでたってもやらないということになりゃしませんか?」という意味なのです。

不安定な将来よりも、確実な今を充実させることで、一瞬先の諸行無常という変化に対応ができるのです。すべては「今ここ」からしかスタートしないのです。

「空」を知ることで本当の生き方がわかってくる

「今の私は大丈夫」と思えること

心も体もすべては空《くう》で実体はなく、変化し続けながら今を生きている――これが宇宙という空間と時間を貫く大原則です。

この空を踏まえ、それを生かして「その中でどう生きていくのか」を考えて、少しずつでも実践していくことが、私たちの人生を豊かにしてくれるのです。

一瞬一瞬の連続である時間。この一瞬を残したものが写真です。公園での小さい頃のスナップ写真や、小学校の入学式や卒業式の記念写真。中には成人式の写真に「わあ、懐かしい」と照れ笑いを浮かべる方もいるでしょう。昔の写真を見て「諸行無常」を感じるのは坊さんくらいかもしれませんが……。

それでも中には、叶わぬ夢と知りながら「あの日に戻りたい」と思う方もいるかもしれませんね。しかし、その日に戻るのは不可能です。時は未来にしか進みません。過ごした時間は、次々に重なっていきます。人の一生は時間と経験の重層構造なのです。

その重層構造の頂点に、今のあなたがいるのです。そして明日になれば、あなたも私もさらに高い所（〝今〟です）にいることになります。そこから、あなたは過去の自分を見おろして（思い出して）、どう思うでしょう。

過去の自分にも否定的で、現在の自分も嫌い。あるいは、昔の自分はイヤだったけれど今はこれでいいと思う。状況的にいちばん悪いのは、昔はよかったのに今の自分はダメという見方です。ところが、「空」という双眼鏡で人生を見れば、過去も、今も、大肯定できるのです。

今の私はこれで大丈夫と思えること――こんなに心安らかな境地はないでしょう。それが悟り・彼岸・波羅蜜多《はらみった》であり、般若心経の目指すところにほかなりません。

昔の写真を見てみませんか。

ラベルを貼らない・○か×かをすぐ決めない

とりあえずの付箋《ふせん》を貼っておく!

ここで再び「般若心経」の「受《じゅ》・想《そう》・行《ぎょう》・識《しき》もまた是《か》くの如し(受想行識亦復如是)」という一節に戻りましょう。

仏教では、私たちの存在を、肉体(色)と感覚器官(受)と、情報を脳へ伝達するシステム(想)と脳内の情報整理統合システム(行)と思考(識)の集合体であるとして分析しています。それは、「こんなに悩み、苦しんでいる人間って、そもそも何だ?」という根源的な疑問から導き出されたものです。

私たちは外界の刺激を眼、耳、鼻、舌、身(皮膚)で受け取ります。これが五感。加えて心(般若心経では〝意〟・第六感)でも受け取ります。

感覚器官で受け取った情報が脳へ送られ、過去の知識や経験から判断を下すのが私たちの精神活動です。こうしたことも「空」の大原則からは外れないのだよ、というのが「受・想・行・識もまた是くの如し」の意味です。

なるほど、年をとれば眼は悪くなり、耳は遠くなり、匂いにも鈍感になり、味もよくわからなくなって、皮膚感覚も衰えます。センサーとして常に同じ感度を保っているわけではないということ、これが「受もまた是くの如し」です。同様に、各器官から受け取った情報の脳内での処理や認識の仕方も、そして導き出される判断も変化していくのだというのが「想・行・識もまた是くの如し」です。

にもかかわらず、私たちは「これはこういうものだ」「人生はこうでなくてはならない」という思いにとらわれていて、そのために苦が生まれてきます。さまざまなものに二度と剥《は》がせないラベルをはり、多くの現象や考え方に○×を刻みつけてしまいます。

般若心経は、そんな判断をすべて「〝とりあえず〟にしておけ」と言うのです。白か黒かに決めつけるラベルではなく、取り外し自由な付箋《ふせん》にして、「とりあえず○」「とりあえず×」としておけというのです。

とらわれない・かたよらない生き方

五つの智で心安らかに

般若は智慧《ちえ》という意味。それも、心安らかになるための仏の智慧です。そしてこれを得ようとするときの五つのチェック項目を「五智」といいます。

法界体性智《ほっかいたいしょうち》――以下の四智の根本であり、総体でもある智慧です。法界（真理の世界）の本性を明確にする智慧といわれ、以下の四つが実践篇です。

大円鏡智《だいえんきょうち》――大きな丸い鏡がありのままの姿を写すように、ありのままを観る智慧。床にある糸や紙片を「ゴミが落ちてる」と見ずに「糸や小さな紙が床の上にある」という見方です。苦しんでいる自分をなんとかしたいと躍起になっていろいろ考えるのではなく、「ああ、自分は苦しんでいて、それをなんとかしたいと思っているのだな」と今の自分をありのままに見つめる智慧です。

平等性智《びょうどうしょうち》――自分と他の平等性を観じる智慧。自分と、人や物との共通点に気づく智慧といってもいいでしょう。同じ時代に生まれ、同じ人間で、同じ哺乳類で、同じ空間にいて、諸行無常の中にお互いが存在していることを観じる智慧。やなせたかしさん作詞の『手のひらを太陽に』の境地です。

妙観察智《みょうかんざっち》――もろもろの事象が異なっていることを観察する智慧。木の枝のさまざまな形や向きがあって木全体なのに、根っこばかり見たがる人は、この智慧が足りません。せっかく枝葉のある会話を楽しんでいるのに「結局はさ」「要はさ」とすぐに根っこの話にもっていきたがる人は要注意。

成所作智《じょうしょさち》――自己及び他人のためになすべきことを成就させる智慧。私たちは何かをするには、どうすればいいのかを考えます。電車に乗るには駅まで行きます。お風呂に入るには、服を脱ぎます。電車に乗るには駅まで行きます。お風呂に入るには、浴槽に湯をはり、服を脱ぎます。心安らかになりたければ安らかになるために何をどうすべきかを考える、そういう智慧です。

以上の五智は本来、如来の智慧のあり方として登場するものですが、とらわれず、かたよらない般若心経的生き方のチェック項目として、かなり有効です。

仏の心に自分で気づけるか

せっかくの救いの道を断ってしまう人

芥川龍之介の『蜘蛛《くも》の糸』は、ある朝、お釈迦さまが極楽の蓮池のふちを、ぶらぶら歩いているところからスタートします。

この池はちょうど地獄の真上。水晶のような水を透き通して、血の池地獄の様子がハッキリと見えます。

その池でもがいていたのが、人殺しや放火など悪事の限りを尽くしたカンダタという大泥棒。しかし、そのカンダタも生きている間に、踏み殺そうとした蜘蛛を踏まなかったことがありました。それを思い出したお釈迦さまは、蓮の葉の上に張られた蜘蛛の糸を、すーっと地獄の底へと下ろします。

カンダタがふと上を見上げると、闇の中を銀色の蜘蛛の糸が自分の上へとたれてきます。しめたと思ったカンダタは、一生懸命上へ上へとのぼりはじめます。かなりのぼったところで、カンダタは何気なく下を見て驚きます。蜘蛛の糸の下のほうには、数限りのない罪人たちが、自分ののぼった後をつけて、まるでアリの行列のようによじのぼってくるのです。

自分一人でさえ切れそうな蜘蛛の糸が、そんな大勢の重みに耐えられるはずがないと思ったカンダタは、下に向かって大声でわめきます。

「こら、罪人ども、この蜘蛛の糸はおれのものだぞ。お前たちは一体誰にきいて、のぼって来た。下りろ。下りろ」

その途端です。蜘蛛の糸は、カンダタの手の上からぷつりと音をたてて切れ、カンダタはくるくる回りながら、再び地獄へとまっ逆さまに落ちてしまいます。

この様子の一部始終をご覧になっていたお釈迦さまは、悲しそうな顔をしながら、その場を立ち去り、再び極楽の庭をぶらぶらと歩き出しました。そして、この物語の最後はこう結ばれています。――極楽ももう午《ひる》に近くなったのでございましょう。

救いの手はあなた自身の手の中にある

いかに気づくか、いかに選択するか

ときどき仏教を誤解して、こんなことをおっしゃる方がいます。

「どうして仏さまがいながら戦争や災害が起きるのですか。仏さまのようなすごい方がこの世を見守ってくれているなら、そんなことは起きないはずでは？」

残念ながら仏さまには、戦争をやめさせたり、災害をくい止める力はありません。人の物を暴力で自分の物にしようとするわがままに気づけ、災害に遭っても強く生きていく心を持て！　と言ってくれているだけです。

前項で紹介した『蜘蛛の糸』で、お釈迦さまは蜘蛛の糸をたらしました。お釈迦さま、つまり仏さまができるのはそこまで。あとはカンダタ次第なのです。

下からのぼってくる罪人たちに気づいたとき、カンダタは「おーい、お前たちものぼってこい」とも言えたはずです。その選択肢はあったのです。しかし、カンダタは最悪の選択をしました。「これはおれの糸だ。お前たちは下りろ！」と。

人が生きていくということは、選択し続けることと言っても過言ではありません。ごはんを食べるか食べないか、靴をはくかサンダルにするか、挨拶するかしないか、どんな仕事を選ぶか、どんな相手と結婚するかなど、選択をし続けます。

カンダタは人殺しや放火、泥棒という最悪の選択をしてきました。最後に与えられたチャンスでさえ、仏の心に気づかず、救いの道をみずから断ってしまいました。現代でもカンダタがいますし、カンダタ予備軍がいます。

あなたの人生を明るく豊かなものに変え、心安らかに生きていくための材料は、あなたの周りに無数にあるのです。人生の師やよき友の助言、励まし、親の真心など……ときにそれは、あなたにとっての「蜘蛛の糸」かもしれません。

その材料に気づくか否か、そして、気づいてそれを生かすかどうかの選択権は、すべてあなたに委《ゆだ》ねられています。気づくべきときを逃さないように。そのためにも自己優先のわがままを捨て、観自在の心で人生に向かうことです。

自己優先より「おたがいさま」の心で

あなただけが楽になればいいわけじゃない

　この章では、般若心経に登場する「行」と「識」、つまり、脳へ送られた情報を私たちがどう考え、判断するかに関連する話で進めてきました。「行も識も是《か》くの如く（色と同様に）空である」というのは、あることに関して「私はもともとこういう考えしかできない」とか「誰だってそう思うでしょ」などと決めつけてはいけないということ。否、決めつけなくてもいいですよ、ということです。

　自分の判断だって、今と昔は違っているし、今と将来では違うでしょう。現在の自分の考え方が、将来にわたって同じである可能性のほうが低いと言えます。

ましてや、自分の考えていることと、他の人が考えていることが同じはずがありません。「誰だってそう考えるでしょ」は、ある意味で傲慢《ごうまん》な思い込みです。

同じ価値観を共有することで、経済大国への道を突き進んできた日本は、その反動でしょうか、みんなが同じでなくていいという価値がようやく認められるようになりました。金子みすゞさんの詩、「私と小鳥と鈴と」の中の〝みんなちがって、みんないい〟という言葉で、心の荷物が軽くなったという人はたくさんいるでしょう。ところが、ここに一つの落とし穴があります。〝私はみんなとちがっていいのだし、世界にたった一つの私なんだから〟、他の人より〝私〟が優先されるべきなのだと我田引水する人もいるからです。

みすゞさんの詩は、「私は小鳥のように飛べないけれど、私は走れる。私は鈴のようにきれいな音はたてられないけれど、私はたくさんの唄を知っている」という内容。それぞれの存在を認めていくという土台があるのです。私は小鳥や鈴より優先されるべきなんて内容ではありません。

自己優先という一見わがままなことが機能するのは、みんなが「おたがいさま」と思って、ゆずりあいができる場合だけではないかと思うのです。

こだわりを捨てろというけれど

仏教ではこだわりを捨てろというようですが、こだわりはいけないのですか？　こだわりを持って生きるほうがかっこいいことではないのですか？（26歳男性）

どうでもいいのか、大事なのか

ユニークな解説で知られる『新明解国語辞典（第五版）』（三省堂）で、「こだわる」を引くとこんな解説がしてあります。

①どうでもいい（とらわれてはならない）問題を必要以上に気にする。「自説（メンツ・目先の利害・枝葉末節）にこだわる」

②他人はどう評価しようが、その人にとっては意義のあることだと考え、その物事に深い思い入れをする。「カボチャにこだわり続けた画家」「材料（ライフスタイル・鮮度・品質・本物の味）にこだわる」

そして、但し書きとして［②はごく新しい用法］とあります。つまり、もともと「こだわり」はマイナスイメージの言葉です。

「こだわり」がかっこいいと思うのは②の意味、「誇り」に似た感覚でしょう。

一方、仏教の「こだわりを捨てる」のこだわりは①の意味、「固定観念」に似た概念で、仏教の言葉では「執著《しゅうじゃく》」です。

ちなみに固定観念は「それが正しいと一度思い込んでしまって、変えることの出来ない考え」と同辞典にあります。

ご質問のとおり、仏教では「こだわりを捨てろ、とらわれるな」と言いますが、最近の用法の意味では、「こだわりを持って生きるのは、他人の評価を気にせずにやり通すかっこよさがある」ということになるのでしょう。

ただし、メンツや目先の利害や枝葉末節、とくに社会的に悪いとされること（「酒は朝まで飲む」「借りた金は返さない」など自己中心的こだわり）に「こだわり」

を持つのはやめたほうがいいでしょうね。

加えて、自分が持っているこだわりを人に押しつけるようなこと（「ラーメンは豚骨《とんこつ》でしょ」「失恋したらサザン聴くでしょ」的押しつけ）は避けたいものです。これもけっこう迷惑ですからね。

石ころを踏んでこだわりから脱出

ここまで読んで、「ちょっと待て、仏教では〝こだわりを捨てる〟ということにこだわっているではないか」と思われる賢明な読者もいるかもしれませんね。

そうです。目指すは「こだわることにもこだわらない」生き方です。

しかし、それは「こだわりを捨てることにこだわって生きた」結果としての、自由で開放的な生き方だと思います。

「色即是空　空即是色」——般若心経は、そうした境地に達する手助けとして、空を知ることで苦悩のもととなる一切の執着・こだわりから抜け出し、自由な心を得ましょう、と説くわけです。

映画の『ジュラシック・パーク』の冒頭は、太古の昔に恐竜の血を吸ったであろう虫が閉じ込められた琥珀《こはく》を捜すシーンからはじまります。この血から恐竜のDNAを採取するためです。

私はこの映画を観た直後から、虫が封印された琥珀にこだわって、標本屋さんで探し回っていたことがありました。そしてついに、すべてに虫が入っている琥珀の腕輪念珠《うでわねんじゅ》を見つけたのです。

勇気をもって買い求め、「この中に恐竜の時代のロマンがあるのだな。むふふ」と一人満足していました。あるとき、その念珠を腕にかけて境内に出て、足で踏んだ砂利の音を聞いたときです。

「な〜んだ、この石一つも、恐竜の時代からこの地球にあったものではないか…」

こうして、私は虫入り琥珀へのこだわりから解放され、さらに念珠の材質や見栄からも解放されました。めでたし、めでたし。

それにしても「こだわり」のない生き方は楽でいいですよ！　どんなことにも対応できる柔軟性を持つことでもあるのですから。

亡き人への想いが断ちきれない

十年前に主人を亡くし、いまだに毎日思い出して遺影に声をかけています。死んでこの世にいない人への想いを断ちきれないのはよくないことでしょうか？（58歳女性）

「今の自分」が土台にあればいい

私たちは一分一秒を、いろいろな影響を受けて生きています。日が昇る影響で目が覚め、「ごはんだよ」と呼ばれる影響で食卓につき、食べ物が目の前に並ぶと食欲が出る。その食べ物は生産者や自然の力の影響でそこに並んでいるわけです。

テレビのコメンテーターの一言に影響され、付け焼き刃の薄っぺらな知識のまま人にしゃべり、受け売りを指摘されて自己嫌悪になる……なんてこともそうだし、そんな性格も親兄弟や遠い先祖の影響を受けているわけです。

こうしたさまざまな影響のうち、今の自分にとってよい影響のことを、昔から日本人は「おかげさま」という言葉で表わしてきました。

さて、ご相談のように「亡き人への想いを断ちきるのがよいか悪いか」という問題で大切なのは、「今の自分」が土台にあるかどうかという点です。「過去の自分」ではありません。

ご主人が存命中の、過去の幸せだったときの自分を思い出し、その幸せが叶えられない今を嘆いて、思い出の中に生きていたのでは何にもなりません。

今の自分の立場や暮らし、心のあり方などを考えてみて、「なんだかんだ言っても私はけっこう幸せだ」と気づくことができたら、そこで「おかげ」を考えてみてください。

亡き人の言葉や姿、共に暮らした時間が、今の自分によい影響としてはたらいたからこそ「今の自分」があることに気づくことでしょう。

「おかげ」を自覚した今の自分を土台にして、日常のあれこれを亡き人の遺影に語りかけることは、あなたの心を豊かにしてくれますから、とてもよいことだと思います。亡くなって十年二十年経っていようが気にすることはありません。

明るく生きて欠けたページを埋める

家族を失った方にはわかると思いますが、それまで自分の生活や精神（面倒をみたり、話し相手になったりなどの精神的安定）の一部だった人が、突然いなくなるのは大変なことです。

自分の一部が欠落してしまい、それまでの自分でなくなってしまうからです。いわば一冊の本で落丁《らくちょう》（一部のページが抜け落ちること）が出たようなもので、再びもとの一冊にするには、欠けた部分を補わなければなりません。

私が檀家の方々と、埼玉県秩父《ちちぶ》の三十四観音霊場をお参りしていたときのことです。ご主人を亡くした奥さんが遺影と一緒に参加されていました。

あるお寺で、山のふもとにある観音堂をお参りしたあと、頂上の奥の院までみなさんを引っ張っていきました。三十分の山登り、途中は鎖でよじ登る場所もあります。

苦労のすえ、頂上の大きな一枚岩の上に立ったときのことです。その奥さんがご主人の遺影をしっかり両手で抱きしめて、私に近づいてこう言いました。

「住職さん、私、ここへ立って上に広がる空を見たら、亡くなった主人がすぐそばにいる気がしたんです。一緒にお参りしてくれてるんですよ」

彼女の涙の笑顔がとても素敵でした。

欠けていた部分に新たなページが加えられた瞬間だったのだと思います。

過去の思い出にひたって泣き暮らしている方は、外へ出てみましょう。なにも買い物や旅行などの楽しいレジャーへ出かけなさいというのではありません。

亡き人の供養のためでいいですから、「お寺参り」をおすすめします。お寺の境内には「今の自分」や「おかげ」を高感度で受信しやすい環境があります。菩提寺でなくてもいいのです。観音さまへのお参りでもいいのです。

亡き人への想いを断ちきる必要はありません。その想いを今の自分の中の一部として取り込んで、明るく生きていきましょう。

他人の幸福を嫉妬してしまう

幸せそうな人を見ると、つい嫉妬《しっと》したりねたんでしまいます。自分と比較してしまうのです。何から何まで恵まれている人もいるのに、幸せは公平ではないと思うとくやしいのです。周りにも他人の不幸や失敗を喜ぶ人が多い気がします。幸せとはなんでしょう、教えてください。(28歳女性)

幸不幸を決めるのは心のあり方

幸福というのはこういうものだ、と人から教えてもらうものではないでしょう。その人本人が決める問題です。

世の中には「利口が幸福でバカが不幸」だとか、「金持ちが幸せで貧乏が不幸」と思っている人がいます。かつては「一戸建てに住むのが幸福で、アパートや賃貸マンション暮らしは不幸」だと思っている人もいました。

頭の良し悪《あ》しも預金残高も住んでいる家も、私はそんなものは何一つ幸福につながらないと思っているので、まことにアホらしいと思うのです。私は「人としての心のあり方こそが、その人の幸不幸を決める」と思っています。

幸福の度合いを他人と比べても意味はありません。だいたい人のことを羨《うらや》ましがるのは、他人のよいところと自分の悪いところを比べているものです。

「あの人はたいした苦労もしていないのにお金がある。それに比べて私は一生懸命働いているのに給料が少ない」——労働やお金について比べたら、世の中にいくらでも羨ましい人が出てきます。

「あの人は美人なのに、私はそうでない」——容姿について比べれば、あなたより上も下もたくさんいることでしょう。しかも判断基準はじつに曖昧です。

そう、全体を比較すれば上も下もたくさんいるのです。その中で自分より上の人とばかり比べたら、誰だって羨ましく思うに違いありません。逆に下とばかり比べて優越感にひたって喜んでいるようでは、鼻持ちならない人間になります。

幸不幸も優劣も絶対のものなんてない

また、あなたのように人と比較して嫉妬したり卑下したりすれば、「私」という存在がなくなってしまいます。「人と比べての私」は、本当の「私」ではないからです。でもどうしても比べてしまうのなら、自分の楽なことと、人の大変なことを比べてみるといいでしょう。

たとえば、大きな家の前を通ったら「おそうじが大変だろうな」と思うのです。「これだけ大きな家だからそうじは人に頼んでいるはず」と思うかもしれません。でもそうじする人を雇えば、その賃金も必要です。そうじ人がいたらいたで、下着をそこらへんに脱ぎっぱなしにはできません。パンツを脱いだ形のままにしておいて、次に穿《は》くときその中に入ってスルスル持ち上げるような状態では放っておけないでしょう。そう考えたら、十五分でそうじがすんでしまうようなアパート暮らしのほうが、楽でいいことに思えてきませんか。

しかし、これも比べることで優越感を味わっているだけです。では、あなたが友人の誰かから愚痴を聞かされたとき、あなたはこんなふうに答えることはありませんか？　――「そうね、でもあなたなんか、まだいいほうよ」。

そう言われると、たいていの人は「そう言われればそうね」と納得します。

あなたがもし愚痴を言いたくなったら、この常套句《じょうとうく》を「自分に」言ってみてください。「あんなお金持ちと結婚して羨ましいな、憎らしいな」と感じたときは、「そうね、でもあんたなんか、まだいいほうよ。……だって結婚もしないかわりに、お金持ちから貧乏になる心配だってしなくてすむんだから」。

他人と自分を比べて悲しんだり喜んだりするのはこの程度の話なのです。

人生というレベルでは、他の人と比べることは意味がないことがわかりましたか？　あなたが求めている真の幸福は、何ら具体性を伴うものではなくて、じつはとてもアヤフヤなもの。般若心経の「空」の教えのように、幸福も不幸も優劣も、絶対のものなどないのです。あなたが今幸福と思えること、それこそ幸福以外の何物でもないのです。

他人と比べている自分に気づいたら、シマッタと舌をぺろっと出して、次につなげる生き方をしましょうよ。

男女の縁はどこからくるのか

20代から合コンに出たり、スポーツクラブや習い事に行ったりしていますが、女性の友人はできても、まったくといっていいほど男性にご縁がありません。好きな人もできないのです（男性嫌いではありません）。このままでは一生独身かも。「縁」ってどこからやってくるのでしょうか。縁遠いのは何か自分に問題があるのでしょうか？　（35歳女性）

袖《そで》すり合う縁も最大限に生かして

昔、年頃の男女が付き合えば、そのまま結婚へいくのが自然でした。

男女の縁組みも個人ではなく家と家を単位としていた時代は、結婚を前提とした付き合い以外は御法度《ごはっと》。したがって「見合い結婚」が主流でした。

かつては、結婚相手は親同士が決め、新郎新婦は結婚式まで相手の顔さえ見たことがなかったという笑えない現実もありました。

そして現代。自由恋愛という今では懐かしいフレーズが普及してすでに五十年経ち、三十歳から三十四歳の未婚率は、男性が四七・七％、女性は三二・六％です（平成十七年総務省統計局資料）。この世代の男性の約半数、女性の三分の一が結婚していないというのが日本の現状。「お見合い復活運動」でもしないとまならない状況にあるようです。

さて、江戸時代に剣の達人を輩出した柳生《やぎゅう》家の家訓にこんなものがあります。

小才は、縁に出合って縁に気づかず

中才は、縁に気づいて縁を生かさず

大才は、袖すり合った縁をも生かす

駄目な人は、せっかく縁に出合っているのにその縁に気づかない。普通の人は、縁があることはわかるのに、その縁を生かせないでいる。できる人というのは、ちょっとした縁でさえ、それを十二分に生かしていくものだ――というのです。ビジネスの世界でもよく取り上げられる家訓ですが、家訓というより、「袖すり合った縁さえ生かした人が結果的に大才なのだ」という結果論のような気もします。まあ、とりあえず日々の反省項目としても味のある言葉です。

もともと仏教でいう「縁」とは、原因と結果の間にある条件のこと。原因があって、何かの縁（条件）が加わって結果になるということです。般若心経は、人も物も固有の存在ではなく、さまざまな縁（条件）によってそこに存在していると言います。仏教的に言えば「性欲があって、セックスという縁が加わり、子どもという結果になる」ということ（どこが仏教的？　いやいや、こういうたとえも仏教なのです。逆にこういう人間の営みを外したら仏教じゃないのです）。

自分で縁を身近に引き寄せる

この縁の中には、自分の力ではどうすることもできないものもあります。自分で引き寄せようとしても、ご都合どおりにはいかないものです。

昨今の状況でいうと、女性も仕事を持ち自立できるようになった時代の流れや、

「束縛されるのがイヤ」「面倒くさいことは嫌い」が「恋愛」より優先される風潮などが、それにあたるかもしれません。

その点でご相談内容の「縁」は、関係性といったほうが適当かもしれませんね。その関係性なら自分が動くことでいくらでも生み出せるし、強引に身近に引っ張ってくることもできます。合コンに参加することや、習い事に通うのも異性との関係性を作ることになるでしょう。あとは気になる男性に声をかけて話してみたり、お茶を飲んだり食事をしたりと、その関係性を身近に引き寄せるだけです。

お悩みなら、せめてここまでは何度でもトライしてみてください。それでも、もし関係性を強めたい男性さえ見つからないなら、行動半径を広げるか、いっそ逆に、自分の好きな趣味の世界や仕事関係だけに絞って、「袖すり合った縁をも生かす」ことに集中してはいかがでしょうか。

ただし、どんなに関係性を強めたところで、あなたに内からにじみ出る魅力がなければそこから先にはなかなか進まないでしょう。まずは、しっかり自分の心を磨いてください。笑顔でいてください。生きいきとしていてください。結果はおのずとついてきます。恋も果報も（自分の心を）練って待て、です。

病気の妻に精一杯尽くしたいが

妻が入院中で、よくなる見込みはありません。病院に通って身の回りの世話をしながら、家事もやり、会社にも行かなくてはなりません。妻には今まで苦労をかけたぶん、看病やケアも自分の手で精一杯のことをしてあげたいのですが……。近くに頼りになる親類はいません。悔いなく世話を続けたいが自分もつぶれそうで不安です。(55歳男性)

夫婦の絆を確かめ合うとき

よくなる見込みがあれば、ずっとやりがいはあるんでしょうね。そのお気持ち、よくわかります。

でも、そうはいかない場合もあるのが現実であり、真実でしょう。その真実をまず受け止めてしまいませんか。そして、少し人情話っぽくなりますが、縁あって一緒になった夫婦です。神前、仏前、人前結婚式の違いはあれ、二人を支える何かに互いの愛を誓った仲じゃないですか。「堅い約束、石山寺の、鐘の響きは変わっても、変わらないのがお前との契《ちぎ》りだ」とどこかの講談のセリフにありますが、精一杯の愛を貫いてください。それが夫婦のつとめだと思うのです。

奥さまも、ご主人に面倒をかけていることをどれほどつらく切なく思っていらっしゃることか。奥さまのそんな心労を少しでも和らげてさしあげてください。「よくなるから看病をしているわけではない」ということを再認識することも必要だと思います。その上で、奥さまに「この人と一緒になってよかった」と思ってもらえるように、極端なことを言えば「病気になってよかった」とさえ思ってもらえるように、やれるところまでやってみてください。

奥さまの看病や身の回りの世話、そして家事と会社……。本当に大変だと思います。ホスピス病棟のスタッフは、治る見込みのない方々のＱＯＬ（クオリティ・

オブ・ライフ、命の質）に重点を置いてケアをしてくださいます。まずそうした医療スタッフを信頼し、任せていいことは任せましょう。

また、頼りになる親類はいないとのことですが、「遠くの類親より近くの他人」の言葉もあります。ご近所や、ご主人の友人、奥さまのお友だちを含めて、会社以外のことをどなたかに協力してもらうことはできませんか。

事情を説明すれば、きっとお手伝いしてくれる方がいらっしゃるはずです。日本はまだまだ捨てたものではないと思うのです。

あなた自身が成長する機会でもある

今まで会社勤めでご近所と親交がなければ、今こそ近所とのお付き合いをはじめる機会でもあります。人付き合いは苦手で、などと言っている場合ではありません。こんなときこそ自分の殻を破るチャンスでもあるのです。

「よし、ダメモトでやってみるか」くらいの気概を発揮してみてください。そういうことはきっと会社の仕事で散々やってきたでしょう。会社勤めで積んだ経験を人生に応用する絶好の機会です。長年会社でやってきたことは無駄ではなかったことをみずから証明してみてください。

前項の相談でもふれた柳生家の家訓（85ページ）を、「わが身の人生訓」にするチャンスでもあります。

ご近所や友人たちとはすでに縁があります。縁に出合っているのに縁を生かさないようでは中才どまり。大才を目標にしてみませんか。

そして、つぶれそうになる前に自分の顔を（とくに目を）鏡でよく見てください。私がお世話になった村上正行さん（元ニッポン放送アナウンサー）は、いつでもイキイキした目をしていなきゃいけないという話をしてくれたとき、こんなたとえ話をしてくれました。時代が変わった今でも十分通じる話だと思います。

「そういうときには、デパートの大食堂へ行きなさい。そこで、食品サンプルが並んでいるショーケースの後ろへ回ってしゃがんで、何を食べようか選んでいる若い人たちの目を観察するんです。世の中であんなにイキイキした目をしている人たちはいない。私たちはいつだってあの目をしてなきゃいけないんです」

「お前が病気になったおかげで、私は一回りも二回りも人間的に成長できた気がするよ」――そう奥さまに声がかけられるといいですね。

和尚のコラム2

観音さまのご利益

やさしさ（慈悲）の象徴である観音さま（観音菩薩のこと）。慈悲は、具体的には「楽《らく》を与え、苦しみを抜く力」のことです。

「ありがとう」と言われれば嬉しいでしょ？　これが楽をもらったということ。苦労して何かやったとき「おかげで助かりました、ありがとう」と声をかけられればそれまでの苦労は吹き飛びますよね。これが苦を除いてくれたということです。このとき、言ってくれた人があなたにとって観音さまなのです。

あなたが誰かに言ってあげれば、あなた自身が観音さまです。

そして、私たちは、自分の心にも安らぎという楽を与え、自分自身の苦しみをぬぐい去る力も持っています。価値観を転換したり、あるいは、新しい気づきによって、心が楽になり、悩みが解決することがあるでしょう。そんなとき、あなたの中に観音さまがいると表現するのです。

こうした慈悲の力を具現化したのが観音さまです。観音さまに手を合わせると、他の人のやさしさに敏感になれます。自分の中の観音さまが共鳴するからでしょう。心がギスギスしてきたら、観音さまを念じてみてください。

第三章

心の汚れは今からでも落とせます

是諸法空相　不生不滅　不垢不浄　不増不減

すべてのものは空であるゆえ、生じることも滅することもなく、汚いとか清らかということもなく、増えることも減ることもないのです。

是諸法空相《ぜしょほうくうそう》　不生不滅《ふしょうふめつ》　不垢不浄《ふくふじょう》　不増不減《ふぞうふげん》

増えた減ったで一喜一憂しない

般若心経は、私たちがこだわり、とらわれがちなことを、「空」という大原則によって木っ端みじんに否定します。

諸法、すなわちこの世のすべてのものは空であるから、生じないし、滅しない。汚れること（垢）もなければ、清らかなこと（浄）もない。増えることもなく、減ることもない――。二つの対立する概念三組を否定することから、般若心経のこの部分は「六不《ろくふ》のたとえ」と呼ばれます。

すべてのものの本質は空で実体がないのだから、対立的な概念が入り込む余地はありません。無いものが生じることも、滅することもありません。無いものが増えたり、減ることもありません。そして無いものに対して汚いとか清らかとも言えません。ところが私たちは、実体がないにもかかわらず、それがあるように思って、それにこだわってしまいます。

空というのは、空っぽの冷蔵庫のようなものです。私たちは冷蔵庫の中には新鮮で（浄）量もたっぷりの（増）牛乳パックがあると思っています（生）。しかし、扉をあけてみると、量が少なくなっていたり（減）、賞味期限を過ぎていたり（垢）、誰かが捨ててしまっていたのです（滅）。

私たちはそのとき、「牛乳どうした？」と怒ります。

すると観自在菩薩は言います。「だって、最初から何も入ってないよ」。

本当は空っぽの冷蔵庫に何が入っているか、それを想像することはできます。しかし、その想像によって私たちはがんじがらめになっていることがよくあるのです。

般若心経のこの一節は、私たちが日常で思い込んでいることから、一度ポンと抜け出てごらんとすすめています。

いっときの変化に心をとらわれない

生も滅もご都合による使い分け

「不生不滅、不垢不浄、不増不減」の六不のたとえは、日常的な感覚からすると納得できない、ついていけないと反論したくなる人もいると思います。

「だって、人は生まれるし、いつか死ぬでしょう？　汚い川もあるし、きれいな川だってある。物だって買えば増えるし、捨てれば減る」と。

いやいや、そういう考えだと、物事の本質がいつまでたっても見抜けないよということなのです。

たとえば、私たちの命は精子と卵子の結合にはじまり、受精卵として胎内で育ち、産声をあげて母胎から生まれ出ます。やがて身体機能停止（死）という縁が加わって肉体は焼かれ、熱などのエネルギーに変化し、骨もいつしか土へと還《かえ》っていきます。

命には必ず源があり、何もないところからいきなり生まれることはあり得ません。逆に死んだらすべてゼロになることもありません。元をたどれば、人間の体も、親の精子も卵子も宇宙のエネルギーの中から生まれたもの。この命の環《わ》のどこをとって「生じたとき・滅したとき」と言えるでしょうか？

また、汚いときれいというのは、あとから人が勝手に作った概念にすぎず、本来、この世界の事物に汚いもきれいもありません。赤ちゃんにはそんな概念はないので、なんでも口に入れてしゃぶってしまうでしょ？

生滅、垢浄、増減などは、私たちのご都合で使い分けているにすぎず、増減も〝あるものが移動している〟ことを、別の表現でしただけなのです。だからそんなものにとらわれるなよ、と。ほかにも善悪などの対立した概念は、往々にして私たちの心をいずれかの両極（白か黒か）に縛りつける鎖になってしまい、自由な発想で本質を見抜く邪魔をしてしまうことがよくあるものです。

さて、今日の天気は〝よい天気〟ですか〝悪い天気〟ですか？

命はずっとつながっている

カボチャだって永遠に不滅？

それでも不生不滅がよくわからんという方には、こんな話はどうでしょう。

あるとき、お寺で開いた読経の会終了後のお茶の席に、カボチャの天ぷらが出されました。ご近所からたくさんいただいたカボチャを家内が揚げたのです。

私はこのとき、その場にいた十二人ほどのおばあちゃんたちに冗談めかして質問しました。「ねぇ、この天ぷらになったカボチャ、いつ死んだのかねぇ？」

以下、それに対する参加者めいめいの発言です。最後は私のセリフ。

「そりゃ、畑で蔓《つる》から切られたときでしょう」

「いや、それくらいじゃ死なないよ。きっと、包丁でザックリ切られたときだ」

「いや、それだってまだ死んでない。油で揚げられて、やっとこさ、お陀仏《だぶつ》だ」

——ここで少し間がありました——

「でも、住職さんは、天ぷらになったカボチャって言ったんだから、そうなると、私たちが食べないと、カボチャは死んでも死に切れないじゃないか」

「でも、こんなにたくさん揚げたんじゃ、とても私らだけじゃ食べきれない……」

「ああ、そういう場合でも大丈夫さ。裏の穴に捨てておけば、いい堆肥《たいひ》になる。来年また美味しいカボチャができる。これでめでたく成仏だ」

「そうすると、残ったカボチャも来年のカボチャに命がつながるということですよね。食べたカボチャは間違いなく私たちの命に形を変える……。だとすると、カボチャは死なないってことだ。わははは。きっと人間も同じですね」

こんな傑作な話になったあと、私は「では人間の場合、私たちが〝死〟と呼んでいるのは、カボチャの例ではどこなのだろうか」と考えました。

今のところの結論は、「畑で蔓から切られたとき」。親や兄弟、そして、馴染《なじ》んでいた場所とお別れしなければならないときです。

でも、命はつながっていきます。そう、カボチャも私たちも不滅なのです。

ご先祖に手を合わせ、「今の私」を省みる

子どもたちにもお墓参りを習慣に

今の日本には「人は死んだら終わり」と思っている人が大勢います。目の前から存在がなくなるのですから、仕方のないことです。

しかし、姿は見えなくなっても、形を変えて存在し続けるのが人から人への命の連環《れんかん》です……。それを理屈ではなく体験を通して実感し、人生をより豊かにしていく方法の一つに、お墓参りがあります。

住む家とお墓の距離が遠くなり、三世代同居の家族も減った今、おばあちゃんに連れられてお墓参りをする孫は少なくなりました。お墓参りする人が少なくなったのにはもう一つ理由があり、それは「先祖のおかげ」が生活の中で見えなく

なってきているからです。

ちなみに密蔵院の周囲は、東京とはいえ、小松菜や生花などの生産農家がまだ沢山あります。ビニールハウスが建てられている土地は、先祖代々引き継がれてきたもの。そして、各家の仏壇にはいくつもの先祖の位牌が並んでいます。

ご先祖から引き継ぎ、受け取ってきたものを家の周りで目の当たりにできる環境なので、子どもの頃からお墓参りの習慣が身につきます。こうした環境に育った人たちは、〝ご先祖に感謝する心〟が自然に養われていき、命がつながっていることも、漠然とながら感じることができています。

こうした環境になくとも、せめて定期的な〝墓参り〟を子どものうちから習慣化させてほしいと私は思います。ご先祖のお墓の前では、誰もが素直な心で手を合わせ、自分の近況を報告します。手を合わせたとき、恥じることはないか、胸を張って報告できる〝今の私〟か否かを、自分に問うことができます。

墓前が人生の軌道修正の場になり得るのです。そして自分の命が、けっして自分からはじまり自分で終わっていくものではないことを確認する場にもなります。どうか、喜んでお墓参りをする子どもたちを育ててください。

自分のご都合で愚かなことをしなかったか

気づきと反省こそ心の三毒の〝解毒剤〟

仏教では、私たちの心を害する代表として「貪《とん》・瞋《じん》・痴《ち》」の三つの毒をあげます。貪《むさぼ》りの心、瞋《いか》（怒）りの心、そして、それらの元になっている愚かな心のことです。

仏教辞典では「善根を害する三つの毒」と説明され、つまりは私たち人間をダメにしてしまう三大要因がこの貪瞋痴ということです。空を理解せずに、いっときの欲望や感情にとらわれていると、この三毒が心に染み付いてしまいます。

しかしご安心ください。仏教にはこの毒の解毒方法が伝えられています。それはまず、自分の中の三毒に気づくことなのです。

般若心経を実際に唱えるときには、その前にいくつかの短い文を読むことになっています。その最初は「懺悔文《さんげもん》」と呼ばれる、仏さまに対して懺悔《ざんげ》する文です。

我《が》昔《しゃく》所《しょ》造《ぞう》諸《しょ》悪《あく》業《ごう》　我れ昔より造りし所の諸々の悪業は
皆《かい》由《ゆ》無《む》始《し》貪《とん》瞋《じん》痴《ち》　皆無始の貪・瞋・痴に由《よ》る
従《じゅう》身《しん》語《ご》意《い》之《し》所《しょ》生《しょう》　身と語と意より生ずる所なり
一《いっ》切《さい》我《が》今《こん》皆《かい》懺《さん》悔《げ》　一切を我れ今皆懺悔したてまつる

この文を唱えることで、一日の中で自分が気づいた貪りの心、瞋りの心、愚かな心を具体的に自覚しようというのです。

貪――物（品物、食べ物など）や他の人の心を貪欲に自分のものにしようとしなかったか。

瞋――自分のご都合ばかりでカッとならなかったか、激さなかったか。

痴――自分の都合、自分優先で物事を見て、意のままに振る舞わなかったか。

こうした反省の上に、般若心経という智慧のお経を読み、日々を暮らしていくわけです。これを続けていけば、三毒はきれいに解毒されていき、今日より明日とまではいかないまでも、今月よりは来月は心がきれいに、楽しくなります。

般若心経で「心の垢スリ」をしましょう

磨けばきっと輝きは戻る

「どうしてお経を日本語で読まないのですか」と聞かれることがあります。

しかし、一度意味がわかってしまうと、意味を考えながら「是《こ》の諸法は空なる相にして、生ぜず、滅せず、垢つかず、浄《きよ》からず、増えず、減らず」と読むよりも、「是諸法空相《ぜしょほうくうそう》、不生不滅《ふしょうふめつ》、不垢不浄《ふくふじょう》、不増不減《ふぞうふげん》」のほうがダイレクトでずっと早く内容を認識できるのです。

般若心経で、「諸法空相」の句を読むたびに「すべての物事は縁が集まっているもので実体はない」ということが、一つのイメージとして浮かんでくるようになります。不生不滅、不垢不浄、不増不減もまたしかりです。

般若心経を毎日読み続けていると、それらのイメージが日常生活の中でフッと浮かんでくるようになります。

ある日の夕飯の支度ができたとき、これは箸や食器、数々のおかず（食材）、お米などの縁の集まりだと思えて、無性にありがたくなったことがありました。諸法空相を目の当たりにしてその句が自分のものになった瞬間でした（そのときだけでしたが……）。人の誕生や死に直面したときに、不生不滅のイメージが浮かび、そこに命の連環を実感することもたびたびあります。

買い物をしてお金を払い、さびしくなった財布の中身を見て、お金が減ったのではなく、品物に変わったということだなと、みみっちい自分を納得させたことがありました。不増不減のイメージを応用（？）した結果です。

毎日般若心経を読んでいる私にとっては、般若心経の語句の一つ一つが、自分の心の垢《あか》スリの役目をはたしてくれます。そしてそれは同時に心を磨くことにもなっているのだと思うのです。もともと私たちの心は宝石のようなもの。ついた垢を落として磨き直せば、仏さまのような心に戻ることができるのです。

どうぞ、定期的に般若心経を読んでみてください。

それはただ汚れを落としているのではない

トイレそうじは自分の心磨き

汚いもなく、きれいもない――不垢不浄《ふくふじょう》の意味です。不生不滅、不増不減と同様、これを頭だけで理解しても人生においてはほとんど意味がありません。

自分の中で体得（経験）するしか心を安らかにする方法はないのだと思います。

そこで、不垢不浄を体得するのに私がおすすめしたいのがトイレそうじ。

自動車用品のイエローハット創業者・鍵山秀三郎さんが提唱し、以後「日本を美しくする会」などさまざまな展開をみせているトイレそうじです。会のホームページでは、「これで人生が変わる」というトイレそうじの五つの効用――①謙虚な人になれる、②気づく人になれる、③感動の心を育む、④感謝の心が芽生える、⑤心を磨く――をあげています。

私流の解説をしてみましょう。まず謙虚でなければ他人の排泄物の汚れを這いつくばってそうじなどできるものではありません。傲慢さからの脱出です。どこがなぜ汚れるのか、いや自分がどこを汚しているのかも、トイレそうじをすればすぐにわかります。気づきによる無関心からの脱出です。

誰かが使う場所をほかの誰かがそうじしている姿が、「自分だけ使えればいいのではない」という感動と共感を呼び、ワン・フォー・オールを実感できます。

自分がトイレそうじをしていれば、よそで自分がきれいなトイレを使うときに感謝の気持ちがわいてきます。これで感謝の心、温かい心を獲得です。

最後に、トイレそうじはまさに心磨き。これこそ不垢不浄の体得です。

トイレ自体はただそこにあるだけで、もともと汚い場所でもきれいな場所でもありません。トイレは使う人の心がけ次第できれいにも汚くもなります。汚れは、排泄物の汚れではなく（不垢）、人の気持ちが汚れているということ。トイレがきれいなのではなく（不浄）、使う人の心がきれいということなのです。

面白いですね。心を磨くには、体を使ったトイレ磨きこそ効果的なのです。

増やしたいのは心の財産です

ダイエットよりも心磨きにエネルギーを使いたい

六不のたとえ「不生不滅、不垢不浄、不増不滅」は、物事の本当のあり方を示すと同時に、私たちの苦悩の一因となる「対立的な概念でのものの見方」（善悪、美醜、勝ち負け、幸か不幸かなど）から抜け出すヒントを示しています。

日常生活の中で、汚いきれい、増えた減ったという現象に心が乱れず、苦悩の原因にならなければ、六不のたとえは忘れてしまってもかまいません。

しかし、なかなかそうはいかないですね。とくに「増減」は苦悩の一因になっている場合が多いものです。

女性雑誌のダイエットの広告の多さを見れば、世の女性たちが体重の増減でどれだけ苦しんでいるかがわかります。うまい儲け話の詐欺商法の被害があとを絶たないことを見れば、財産の増減に人がどれほど心を砕いているかもわかります。

体重が増えるというのは、食物のエネルギーが体の中に移動したということ。体重が減ったというのは体内の物質がエネルギーとして消費されたということで、総体として増減はありません。そもそもダイエットも、健康のためならばまだしも、スマートになるためにそれだけの努力をするのなら、心を磨くことにエネルギーを費やしたほうがずっといい、と私は思います。

お寺にかかってくる投資話の電話勧誘に、「そんなにお金は要らないから断ります」と言うと、「でも、お金はないよりあったほうがいいでしょう」と返されます。そのときの私の答えはこうです。

「あのね、私はお金を増やすことなんかより、心の財産を増やしたいと思っているの。汗も流さずにやみくもにお金を増やそうとすると、心の財産が減ってくるんですよ。だからイヤなの」

これが私流の「物質的な財産は増やさず（不増）、心の財産は減らさず（不減）」的生き方です。あなたも、日常の中で「不増不減」を生かしてみてください。

「おかげさまで」「ありがとう」も仏の心

さまざまな縁によって生かされている

空《くう》というのは、人も物も現象も、さまざまな縁がからみあって今この状態にある、という世の中すべてに通用する法則のようなものです。

この大法則ゆえに今の〝私〟があります。じつは日本人は、昔からそのことを「おかげさまで」という言葉で表わしてきました。

久しぶりに会った知人に「お元気そうですね」と声をかけたら、「はい、おかげさまで」と答えが返ってきます。別に誰かからの直接の「おかげ」を意識しているわけではないのに、多くの人は「おかげさまで」と答えます。

自分がこうして元気でいられるのは、自分一人の力ではない……自分とかかわっているこの世の、すべての人とのさまざまなご縁（関係性）によって、今の自分がある。そんな思いが「はい、おかげさまで」という言葉として出てくるのです。昔の日本人は、みなそのような感謝の気持ちを持っていました。

この世の縁に気づかないでいると、「元気そうですね」「はい」で終わり。これでは自分の努力だけで元気なのだという傲慢な心がムクムク育ってしまいます。

日本語にはもう一つ、空を元にしたうるわしい言葉があります。「有り難《がと》う」です。普通ならあり得ないはずなのに、ご縁によってそれが私の身に起こったというのが「有ること難い＝ありがたい」です。「起こることがむずかしい」という言葉が感謝の意味として使われるのです。

「それ取ってもらえる？」「はい、どうぞ」「有り難う」――相手はあなたのためにそれを取らなくてもいいのだし、あなたが取ればいいはずなのに、自分のことをおいてあなたのために取ってくれた。だから「有り難う」なのです。

本屋へ行けば、何万冊という本があるのに、わざわざ本書を手にとって（これもご縁）、途中で読むのをやめてもよかったのに、ここまで読んでくださった。だから……有り難うございます、と心より御礼申し上げます。

五感の刺激をちゃんと受け止めていますか

日々の小さな感動が心にうるおいを与える

私が、「体験したことや感じたことを、会った人にどんどん伝える」という努力をはじめたのは四十歳を過ぎてからのこと。

それは、お世話になっていた元ニッポン放送の名アナウンサー村上正行さんのアドバイスがきっかけでした。村上さんは平日朝六時からの生放送を十年以上にわたって担当し、「ラジオを聴いている人と同じ太陽を見て、同じ風を感じながら番組を進めたい」と、スタジオからマイクとテーブルを廊下の窓際に持ち出して放送を続けたサテライトスタジオの先駆者です。その村上さんをお寺に迎えて、話し方の勉強会をしていたときのこと、ある日こんな話をしてくれました。

「朝会社へ行ったら、隣のデスクの同僚に、家を出て会社に着くまでの間に、自分の目で見、耳で聞き、舌で味わい、皮膚で感じたことと、その感想を一つ言ってごらんなさい。二週間経つと、同僚はあなたが何を言うか楽しみに待つようになりますから」——私は早速、これを実行することにしました。

すると、同僚（私の場合はその日最初に会った人）に話すという以前に、自分が普段〝いかに何も感じていなかったか〟を知ることになりました。五感（官）も感受性もすっかり鈍感になっていたのです。同時に、この訓練を続けるうちに自分自身が生きいきしてくるのを実感するようになりました。

「さっき虫を見て思ったんだけど、虫って息をしてるのかな？」

「どう見ても昼間の太陽は赤くないのに、描くときは赤にしたくなるんだよね」

「手紙を出して思ったんだけど、どうして切手の裏にイチゴやレモンの味付けをしないいんだろうね」

他愛のないことでいいのです。日々の小さな感動を大事にすることが心のうるおいになり、感動の共有によって周囲もうるおしていくことになります。

心が乾いていると感じはじめたら、ぜひ試してみてください。

泥のなかの蓮の花になろうよ

けっして汚れに染まらない心の花

このところの日本は、自分の感受性を豊かにし、心を磨くことがむなしく思えるような時代かもしれません。

まともな感受性ではフォローしきれないほどの、テレビやネットの情報の洪水に流されるだけの生活。そして、ずるがしこい人たちが、汗水垂らさずに巨万の富を手に入れ、正直者がバカをみる世の中。

マスコミはいつの世も、よい意味でも悪い意味でも変わったことをしている人を取り上げます。あたかも、特別な人ばかりが世の中の大半を占めているかのような錯覚を起こさせます。そんな報道を見て、平々凡々と暮らしている自分はダメだと思ってしまう人もいるでしょう。まじめに暮らし、こつこつ努力している人間が日の目を見ないような世の中だと、努力しなくなる人さえ出てきます。

さて、仏教では、蓮《はす》の花を大切にします。多くの仏さまも蓮の花の上にいます。なぜでしょう。

蓮の花は、濁った泥水の中からすっくと茎を伸ばします。にもかかわらず、その茎も葉も、泥水に染まることはありません。そして、泥水の中から育った蓮は、きれいな花を咲かせます。否、濁った水でしか蓮は成長しないとも聞いたことがあります。このような生き方をする植物が蓮なのです。

さらに蓮はすでに蕾《つぼみ》のうちから、中に実を持っています。花ひらく前から、素晴らしい結果をその中に宿しているわけです。

周りを見れば、いやなことばかりが多い世の中。しかし、私たちも蓮のように、濁った世の中であるからこそ、きれいな心の花を咲かせ、素晴らしい人生を送ることができるはずです。そして、私たちの中には「心安らかな境地」という実が、すでに内蔵されているのです。

蓮を見たら、そんなことを思い出してみてください。

快楽にふける人生がなぜいけない？

酒やギャンブル、女性など快楽に溺れやすくて、はまってしまうとなかなか抜けられません。そんな自分がたまにイヤになりますが、どうせ人生は短いのだから快楽を楽しんでいいじゃないかと肯定する気分にもなります。快楽をむさぼるのはいけないことでしょうか。（34歳男性）

「むさぼり」はやがて自分を飲み込む

なんだか、ずいぶんお金がかかることばかりにはまってしまうのですね。

相談の中で何気なくお使いになっている「溺れる」という言葉は、国語辞典によると、①泳げないために、水中で死にそうになる。また、死ぬ。②あることに夢中になって、心をうばわれる。——という意味です。

いずれにしろよい意味ではありません。その点では「たまに」でも「自分がイヤになる」と自覚するのはよいことだと思います。

「飲む、打つ、買う」の三つは、昔から人生の大きな遠回りとして、また自分を駄目にする男の悪行として言われてきたのはご承知のとおり。過去にも大勢の男たちがこの三つに溺れ、人生を駄目にしてきました。あなたもこのまま、その仲間入りしますか？

快楽は人間の欲望の源泉でしょう。その快楽という不可解な感情を野放しにするか、コントロールするか。心安らかに生きるには、ここが分かれ目です。

野放しにすれば、お酒ならば、飲み過ぎて体を壊したり、酔いにまかせて言うべきでないことを口走って喧嘩になったりするでしょう。博打であれば、けっして勝ち続けることはできませんから、「不増不減」どころか、とどのつまりは首が回らなくなります。女性好きを野放しにすれば、人を裏切ったり、裏切られたり、肉体の快楽のために心がズタズタになっていくでしょう。

快楽を野放しにすると、「むさぼり」が際限なく続きます。次から次へとむさぼりがわき上がり、やがて自分を飲み込んでしまうでしょう——これをあなたは「溺れる」と表現しているような気がします。心が溺死する前に、酒や博打や女性から距離をおく勇気を持って、快楽という海から這い出してみましょう。

刹那的ではない快楽人生を目指す

私は一人酒はしませんが、お酒は嫌いではないので、飲みすぎた結果甚大な二日酔いで苦しんだり、言わなくてもいいことを言って翌日自己嫌悪におちいることが年に何回もあります。その私のお酒のコントロール方法は、お酒を飲んでしまっては出来ないようなことをたくさんはじめることでした。絵を描いたり、原稿を書いたり、本を読んだり、映画を観たりです。ほかにもお酒以外の趣味を持つと、お酒に溺れなくてすみそうです。

ギャンブルといえば二十代の頃のパチンコがせいぜいでした。しかし、あるとき「こうしている時間がもったいない」と思いました。ゲームもしかりです。ほかにやることが沢山あると思ったのです。本を読んだり、美術館へ行ったり、映画を観たり……です。

女性が好きというのは、一人の女性と付き合うのならいいでしょう。しかし、性欲にまかせた不特定多数との肉体関係となれば、関係のもつれによるトラブルや、性病の心配もあります。キャバクラなどで遊ぶのもしょせんは恋愛ゲームでしょうから、本当の心の充足感は得られません。

しかし、同じ快楽にも、自分を駄目にするものもあれば、自分を良くするものもあります。無私の精神で人や社会のために行動するボランティアや、人の喜びを素直に喜び、人の悲しみを共に悲しめる菩薩のような人を目指すのも一つの快楽なのです。これはじつは酒や女性にもまさる快楽。心の栄養にもなります。

今三十代のあなたは、六十歳の自分の未来を予想していますか？　どんな人になっていたいですか？　どんな人になっ
ている、、、、と思うかではありません、自分の人生の目標設定です。短い人生だからこそ、刹那《せつな》的な快楽を求めるのではなく、その人生を〝大いなる快楽〟としてまっとうできるよう大切にしてください。

最後に、女性好きに関してはわかりませんが、お酒も博打も依存症的な病気の場合がありますから、重症のようなら専門医を受診されることをおすすめします。

中年の心もそうじできるか

子どもの頃いろいろな本を読んで、「心のきれいな立派な人になろう」と思いました。振り返ってみると、自分は何をやってきたのかと暗澹《あんたん》とします。人を出し抜いたり、欲に目がくらんだりの、せこい小さな人生です。今からでも自分の心をそうじして、少しでも世の中の光になる生き方をしたいのです。どんなことからはじめればいいでしょうか。（48歳男性）

自分を磨いて光を取り込みましょう

素晴らしい！　大乗仏教の考え方をうまく表わしたとされる言葉に「煩悩即菩《ぼんのうそくぼ》

提《だい》」があります。煩悩はけっして悪いものではなく、そのまま悟りの縁になるということです。

あなたのように人を出し抜いたり、欲に目がくらんだ時期があり、それが縁になって、「このままではいけない」と思うからこそ、世の光になるという悟りにも似た境地への一歩が踏み出せるのです。とにかく、よくぞ「いい人になってみようとする勇気（菩提心《ぼだいしん》といいます）」をお出しになりました。

世の中の光のような人になるためには、まず自分が輝くことが前提でしょう。とはいえ、自分だけで輝けるかというとそうではないですね。みずから光っている宝石がないのと同じようなものです。

宝石は自分の中に発光体は持っていません。外からの光を取り込んで、内部で光を乱反射させて外へ放出しています。それが光っているということです。

しかし、宝石自体を磨いておかないと、乱反射することも外へ美しい光を出すこともできません。この自己研磨が、あなたのおっしゃる心のそうじに当たるのではないでしょうか。

さて、外からの光は常に私たちに降り注いでいます。部屋の中を吹き抜ける風、地面を這う虫、道を走る車、空を流れる雲、すれ違う人々、テレビ番組も、誰かとの会話もすべて、外からの光です。それらの光（いわば外界からの刺激）に、まずは自分がどう反応しているかを楽しんでチェックしてみてください。

部屋に入る風はそのまますべてが通り抜けているわけではないでしょう。部屋の天井や床の片隅に、あるいは押入れの隙間に入って、しばらく部屋にとどまっているかもしれません。地面を這う虫は、いつ生まれたのか、雄か雌か、これから何をしようとしているのか、そんなことを想像してみます。何も想像できなかったら、かなり重症です。無理にでも心を反応させてみてください。

大事なのは人が人を思う想像力

道を走る車は、どんな用事があって走り、どこへ帰り、どんな人が待っているのだろう……。頭上を流れる雲の動きを見ては、この風向きならこの雲はもうすぐ友だちが住む町の上も通るな、あいつが同じ雲を見て、俺が見ていた雲かもしれないと思ったら面白いな……。

電車に乗り合わせた見知らぬ人に、自分との共通点を探してみる。昭和何年代生まれか、血液型はなんだろう、どこまでさかのぼれば先祖が同じだろうか、過去に失恋した相手は何人かな……家族は何人か、今、悩んでることはなんだろう。

テレビを見れば、スタジオの画面に映っていないところで何人くらいのスタッフが働いているのだろうか、番組中視聴者からのクレーム対応のため電話口で待機している人の気持ちはどんなだろう……。居酒屋での知人との会話を「楽しかった」と反芻《はんすう》したり、「もっと楽しくできたかも」と思うのも一つの反応です。

心の内側を磨くには、こうしたささいなことを自分の中で乱反射させて、自分が生きる意味として膨らませていくことなのだと思います。どうぞ、楽しんでやってみてください。

思いやりも、やさしさも、人が人を思うピュアな想像力なしにははじまりません。一見妄想とも思えるような想像も、「いい人間になりたい」という土台さえしっかりしていれば、きっとあなたの心のそうじに役立ちます。

私は、あなたにおすすめするこの方法をなんとか日課にしようと四苦八苦ですが、続けたおかげで「住職さん、どうしていつもそんなに元気なんですか」と言われるようになりました。

仏教は肉親の殺人や心中をなくせないのか

このごろ、無理心中や子殺し、親殺しといった肉親間の痛ましい事件が目に付きます。仏教は、こんなことが起きない世の中にできないのですか？（52歳女性）

命の環《わ》をわがままで断ってはいけない

ぶっきらぼうな言い方ですが、私は「このごろは・最近は」という言葉はまず疑ってみることにしています。ご質問のような悲惨な事件は今にはじまったことではなく、昔からたくさん起こっていたでしょう。昔は情報の伝達が狭い範囲にとどまり、かつ遅かっただけではないかという気がします。

今も昔も変わりなく、肉親間の凄惨な状況はあるし、それが嵩《こう》じて殺人にいたるケースもあるでしょう。人はことほど左様に、心迷えば残虐になる可能性を持っているのだと思います。悲しいことですが私にもその可能性があるでしょう。

誰も統計をとっていないだろうと思いますが、こうした事件の当事者たちのうち、先祖のお墓参りを習慣にしていた家族がどのくらいあるだろうか、といつも思います。あくまで推測ですが、割合はかなり低いのではないかと思います。

小さいとき両親や祖父母に手を引かれて行く先祖の墓参り。手を合わせる相手はもう生きていませんし、姿も見えません。会ったこともない人もいます。

しかし、お墓に眠るご先祖は現在の自分と密接なつながりがある人。

「とうちゃんのとうちゃんの、そのまたとうちゃんやかあちゃんがいて、その人たちがいなければ今のおまえは生まれなかったのだ」とお墓参りで一度教えれば、子どもでもはるかな命のつながりというものを理解するようになります。

こうした日には見えない命のつながりと、多くの縁によって生かされていること――般若心経でいう「不生不滅」を子どものうちから意識下にインプットした上で、「今の自分はなんだかんだ言っても幸せだ」と気がつくことが、この質問に対する答えの重要なカギになっているような気がします。

親を憎む子どもも、子どもに暴力をふるう親（かつての子ども）も、「自分は不幸だ」という〝今〟があります。

自分は不幸であるという思いの多くは、何度かふれてきたように「自分のご都合どおりにならない」というわがままが根底にあります。そのご都合を叶えるのに最も身近な障害になっているのが家族であれば、その障害を取り除くことで自分のわがままを叶えようとするでしょう。

親のせいで物事がご都合どおりにいかなくても、わが子が思いどおりにならなくても、その障害を排除するのではなく、まず自分のご都合が、自分の利益のみを優先しているのではないかを考えてみる必要があります。

自分の利益だけを追求しても、行き着く先は、多くの裏切りの果ての絶望的な孤独と、周囲からの蔑《さげす》みの視線でしょう。これを仏教で〝地獄〟と言います。

地獄は人の心が生むもの

ある人が亡くなってあの世へ到着します。道を歩いていくと「地獄食堂」という看板のかかった大きな建物に着きました。窓から中を覗くと、幅一メートルほどで奥にずっと長いテーブルの上に、山海の珍味が並べられています。

テーブルについている人たちが持っているのは一メートルもある長い箸。ところが、その人たちは自分のことしか考えていないので、その長い箸を使って食べ物を取ろうとします。食べることに必死で向かいの人の目玉を突き刺したり、隣の人の耳を突き刺したりして、食堂内は怒号飛び交う阿鼻叫喚《あびきょうかん》の修羅場……。

あまりの悲惨な光景に呆れて食堂を離れると、次に「極楽食堂」が現れます。中を覗くと先ほどの食堂と同様の仕様。

ところが座っている人たちは和気あいあいと食事をしています。見れば、正面に座っている人同士が何を食べたいか聞いて、自分の長い箸でつまんだものを相手の口へと運んでいるのです。

地獄と極楽の違いは、環境や状況の違いではないのです。そこに暮らす人たちの心の持ち方の違いだけなのです。

こうしたことを伝えるのが、仏教の役割の一つだと思っています。

こんな私でも仏になれるのか

仏教の本を読むと、「誰もが仏になれる資質をもっている」と書いてあります。未婚で家族もなく、社会的な地位も取り柄も何もない、こんな私でも仏になれるのでしょうか。またどうすれば仏になれますか。（44歳女性）

みんな仏になれる条件の中に生きている

まず簡単に仏さまについて説明しておきましょう。

ネパールにほど近いインドで、およそ二千五百年前にゴータマ・シッダールタという人が生まれ、三十五歳で「悟り」を開いてブッダ（仏陀・目覚めた人）になりました。これが私たちのいう「仏さま」。出家前はインドの王族・釈迦《しゃか》族の王子だったため、お釈迦様、釈尊とも呼ばれます。

のちの世の人たちは、どうして一人の人間が「悟り（心に迷いもない状態）」を開くことができたのだろうと考えました。ある人たちは、輪廻《りんね》を繰り返す中で修行と功徳を積んで、その結果としてゴータマ・シッダールタという生を受けた中で悟りを開く（仏になる）ことができたと考えました。

またある人たちは、時間や空間を超越した仏がいて、その仏が姿形を変えて、時空の制限を受けるこの世に、分身として現れたと考えました。

またある人たちは、彼に悟らせた力が働いたはずだと考えました。地球の引力、昼と夜の繰り返し、空気や水の存在、山や川、動物や植物、果ては誕生と死など、私たちの周囲にあるさまざまな存在や現象という力です。やがて一人の人間を仏たらしめたこうした力のことも、「仏」と呼ぶようになったのです。

そして、このような力（仏教では「法界力《ほっかいりき》」といいます）は、現在でも変わらずに働いている力ですから、私たちはお釈迦さまが悟ったときと同じ条件下に生きているわけです。

私たちは仏になれる条件の中に生きているのです。

その条件の中に、社会的な要素は含まれません。いや、含まれないというより関係ないのです。結婚していようがいまいが、取り柄があるかないか、男か女かは、およそ「仏」とは関係がありません。

それらのこだわりを捨てているのが仏であり、こだわりを捨てるのが修行でもあるのです。

仏さまの真似をして一歩近づく

私はよく「仏さまならどうするだろう・どう言うだろう・どう考えるだろう」と思いめぐらし、仏さまの真似をしてみます。今これを書いている間も、この質問には仏さまならどう答えるだろうと思っています。

結婚していないことが心に引っかかったとき、「仏さまは結婚するだろうか」と考えます。きっと、「してもいいし、しなくてもいい」と考えるだろうと思います。

家族がいないことに、そして年取ったときの孤独の不安にさいなまれたとき、

「血を分けた家族がいる仲間だから、家族同様だ」と考えるかもしれません。仏さまなら、「血を分けた家族がいなくとも、自分の周りの人たちは自分と同じ時代に同じ場所で暮らしている仲間だから、家族同様だ」と考えるかもしれません。

社会的な地位や、取り柄がないことに劣等感を感じたら、仏さまならどう思案するだろうか。きっと「社会的身分や取り柄が、自分の人生にどのような価値があるのか」を深く見つめるでしょう。社会的地位がなくても、これといった取り柄がなくても、笑顔で優しく、清らかに生きている人たちがたくさんいます。

どうすれば仏になれるかというご質問については、具体的な実践方法として六《ろく》波羅蜜《はらみつ》（184ページ～191ページを参照）や、五戒、十善戒などが示されています。もちろん難解な部分もありますが、概要でよければインターネットでも簡単に調べることができます。

しかし、実際に生活していく中では、「言うこと・やること・思うこと」の三つを「仏さまならどうするだろう」と考え、真似をしてみることをおすすめします。それほどガムシャラに意気込んで修行しなくても、かなり心軽やかに、充実した人生が送れるはずです。

近所の鬼かあちゃんを改心させたい

近所に一日中子どもを大声で叱りつけている若い母親がいます。美人なのに怒鳴っているときは夜叉《やしゃ》の顔です。親のストレス発散の道具にされ、毎日泣いてばかりいる子どもが可哀想で、なんとかならんかと思うのですが、揉《も》め事にはしたくない。仏教に「和顔愛語《わげんあいご》」という言葉があるそうですが、笑顔と愛で子育てさせる、いい方法はないでしょうか。(63歳男性)

いつかきっと「和顔愛語」の花が咲く

子どもも、そのお母さんも放っておけない……いい気性ですね。しかし、おっしゃる通り、へたに口出しすれば揉め事になるでしょう。

「ならぬ喧嘩をなるように、するのもこれが一言です」というセリフが浪曲の一節にありますが、売り言葉に買い言葉、相手がイライラしている心の状態では何を言っても反発されるだけでしょう。

ではどうするか。あまりにひどいようなら、児童虐待にあたるでしょうから地域の児童相談所へ一報したほうがいいかもしれません。大人の判断でそれほどでもないと思われるのでしたら、仏さまに「どうか、彼女が一刻も早く自分の愚かな行いに気づくよう、力を貸してやってください」とお願いして、待つしかないかもしれませんね。

いずれにしても、彼女が自分で気がつかない限りはどうすることもできません。

そこで私もない知恵を絞りましたが、直接物言いをつけるより、次のページのイラストを格大コピーして、そっとポストへ入れてきてはいかがでしょうか。チラシと一緒にゴミ扱いされては悲しい気もしますが、いわば私からのメッセージカードとして、お手数ながら届けてみてください。

匿名では不気味に思われるというのであれば、そのお宅の住所でも送ってくれれば私の署名入りで手書きのカードを送ってもかまいません。

あとは、相談者のご本人が、ご近所のよしみでいつも温かい笑顔で（母親の夜叉顔は忘れて）、その親子を辛抱づよく見守ってやることです。

「庭に花が咲きましたね」

「うちの木にメジロが飛んできましたよ」

「お子さん、大きくなられましたなあ」

などと声をかけ、ご本人から「和顔愛語」を実践してみるのです。

そんな種をまけば、いつかきっと鬼かあちゃんの心にも「和顔愛語」の花が咲くでしょう。

和顔
愛語

子ども叱るな
来た道だもの
年寄り
嫌うな
行く道だもの

お墓参りで何を拝む？

亡くなった方をホトケと呼ぶ理由の一つは、仏さまの弟子となって（だから戒名をもらいます）、心にわだかまりがなく、絶対平等の心境になり、いつでも心安らかな存在になったということです。

しかし、亡き人がこうした境地にいることを信じていない（あるいは知らない）場合は、私たちにとって、お墓の中の亡き人はホトケではなく〝死者〟です。まだ煩悩を持ち、損得で物事を考える――言いかえれば、何かしてもらえば恩恵を与え、してもらえなければ祟《たた》る――という存在です。

だから、ふだんから死者にお願いごとをしている人に不都合なことが起これば、「死者の祟り」「何かを知らせようとしている」と受け取る可能性が大きくなります（霊感商法はここを突いてくるのです）。こういう人は、願いごとをせずに、亡き人への感謝、あるいは報告型のお参りをしたほうがいいでしょう。

仏教という教えで、死者をホトケの地位まで引き上げてしまえば（これが仏教でお葬式をする理由です）、お願いごとをしても大丈夫。ホトケはあなたの願い事がわがままなら、それを気づかせてくれるでしょう。

第四章

上手に「あきらめて」生きましょう

是故空中無色……無無明　亦無無明尽　乃至無老死　亦無老死尽

どんな不幸を
吸っても
吐く息は
感謝で
ありますように

空という原則からすれば、固有の物体などなく、五感で受け取る感覚や認識も意志さえも、すべて絶対のものなどないのです。

是《ぜ》故《こ》空《くう》中《ちゅう》無《む》色《しき》　無《む》受《じゅ》想《そう》行《ぎょう》識《しき》　無《む》眼《げん》耳《に》鼻《び》舌《ぜっ》身《しん》意《い》　無《む》色《しき》声《しょう》香《こう》味《み》触《そく》法《ほう》　無《む》眼《げん》界《かい》　乃《ない》至《し》無《む》意《い》識《しき》界《かい》

眼に見えるものさえ絶対ではない

般若心経中盤のこの部分は、私たちが外界や内面の世界を、何を使って感じているかを分析し、それさえも「絶対ではない」と繰り返し説く部分です。

私たちが体のどんなところを使って、何を感じているかというと――

眼で**色**（物）を見て、色彩や大小、丸四角などの形を判断（**眼識界**）します。

耳で**声**（音）を聞いて、何の音か、どんな感じかを判断（**耳識界**）します。

鼻で**香**（匂い）を嗅ぎ、何の匂いか好きか嫌いかなどを考え（**鼻識界**）ます。

舌で**味**を味わい、うまいとか、苦い酸っぱいなどと感じ（**舌識界**）ます。

身（皮膚感覚）でさまざまな物の質感や風など（**触**といいます）を受け取って、固い柔らかい、暑い寒いなどを認識（**身識界**）します。

意（心）で人の心や文章など（**法**といいます）に触れて、涙したり、怒ったり（**意識界**）します。

仏教ではこれらを整理して、知覚器官（六根《ろっこん》）を「眼・耳・鼻・舌・身・意」、知覚器官が担当する対象（六境《ろっきょう》）を「色・声・香・味・触・法」、そこから働く心（六識《ろくしき》）を「眼識界・耳識界・鼻識界・舌識界・身識界・意識界」といいます。

しかし般若心経では、それら一切もすべて「無」として、それぞれの要素も絶対なものではないのだから、こうした分類にもこだわらなくていいというのです。

料理の味は舌だけで味わうものではありません。目で楽しむこともあれば、その場の雰囲気、誰と食べるかによっても異なります。子どもの頃に家の柱に刻んだ背比べの傷を目で見たとき、当時のはしゃいだ声がよみがえったりします。

「これはこうだ」と思い込むことで、苦悩が生まれていく……じつは、思い込みの元となる六根・六境・六識でさえ、空という大原則でとらえれば、思い込みの根拠となるような安定したものではないのだというのです。

無明もなく、無明の尽きることもない。老いや死も、それにとらわれる心が苦を生むのであり、老いや死がなくなることもありません。

無無明《むむみょう》　亦無無明尽《やくむむみょうじん》　乃至無老死《ないしむろうし》　亦無老死尽《やくむろうしじん》

いくつもの縁がからみ合っている

ここではまたまた「無」による否定が繰り返されます。「無明」とは真理を悟れない状態のこと、煩悩の根源となる無知をさします。

仏教の教えの原点は、人間であるお釈迦さまの〝悟り〟にあります。この悟りの一つの中核をなすのが〝縁起〟ということ。どんなことでも、無数の原因があって、それに縁がからみ合い、原因と原因、原因と縁、縁と縁などが相互に関係しあって結果が起こるということです。

逆に、諸条件や原因がなくなれば、結果もなくなるということ。「ああしなければ、こうはならなかったのに」と私たちがため息ながらに悔やみ続けるのは、そうした縁起にまだまだ疎《うと》いということでしょうね。

その方法で老いと死という大問題を考えたのが仏教。年をとることや死の原因は何か。インドのお坊さんたちは一生懸命考えました。そしてたどり着いたのが「十二因縁《いんねん》」というものでした。老死があるのはなぜか⇓生まれたからである。ではなぜ生まれたか⇓存在したからである。ではなぜ存在したか⇓存在しようとする執着が原因である。ではなぜ執着が生じたか⇓盲目的な衝動としての愛があったからである。ではなぜ愛は生まれたか⇓……こうして辿《たど》ること十二段階。行き着いたのは「無明」という根本原因でした。「無明」が人間の苦を生むのだと。

ところが般若心経は、この十二因縁にもこだわる必要はないと説くのです。

結果をもたらす原因も、からみ合う条件も一つではないからです。「今私がここに生きている」という結果は、無数の原因と縁によって成り立っている……それだけをまず心得ておけというのです。そう考えると少し気がラクになってきませんか？　「ああしておけばよかった、こうしておくべきだった」と過去の原因にこだわったり、いつまでも後悔しても仕方のないことなのです。

苦集滅道もなく、智慧もなく智慧を得ることもない、なぜなら得るところの実体がないのだから。

無苦集滅道《むくしゅうめつどう》　無智亦無得《むちやくむとく》　以無所得故《いむしょとっこ》

愛だって真心だっていつも同じじゃない

無の連続する経文の説明をもう少し続けます。

お釈迦さまが悟った内容の一つに「四諦《したい》」があります。世の中は苦である。それは煩悩が集まって苦になるのである。だから、煩悩を滅すればよいのだが、その悟りにいたるための道（方法）がある——これらのキーワードをとった「苦集滅道」が「四諦の教え」といわれるものです。

ところが般若心経は、これにもまた「無」をつけて「無苦集滅道」と言い切るのです。「四諦にもこだわる必要はないのだよ」と。

空を知り悟りを開いてしまえば、苦は苦でなくなり、煩悩を滅する必要も、悟りにいたる道も必要としなくなります。だからお釈迦さまがあきらか(諦か)にした四諦の教えにも固執するなというわけです。

続く文言が「無智亦無得(智慧もないし、智慧を得ることもない)」。

ここで誰もが(お経の中では舎利子ですが)、エッと驚きます。口をアングリあけてこう言いたくなります。

「智慧もないし、智慧を得ることもないって……だって、この般若心経こそ、彼岸へ渡るための偉大な智慧(般若)のお経じゃなかったの⁉」

そんな読者のために、その理由がすぐ後に説明されます。

だって、得る所がないんだから(以無所得故)。

なるほど、人は、肉体も心も刻一刻変化し続ける存在(五蘊皆空)。受け取る側に固有の実体がなく変化してしまうのだから、受け取りようがありません。運動会の玉入れ競技の途中で、玉受けの網が切れてしまうようなものです。

本当の愛、本当の豊かさ、本当の心……そのときは〝本当〟でも、愛も豊かさも心も変化してやみません。そんなことにこだわるなと般若心経は言うのです。

人と人の縁が織りなすのが人生です

〝うざっこい〟からみ合いもまた楽し

すべてのものは、多くの縁が互いに依存し合って、存在しています。あなた自身も、家庭も、社会も同じこと。いうなれば、ごちゃごちゃにからみ合って存在しているのが私たちです。

この〝ごちゃごちゃしていてわずらわしいこと〟を、江戸時代には「うざっこい」「うざったい」と言っていました。八〇年代頃から若者が使いはじめたとされる「うざい」も、この流れをひく言葉だといわれます。

ただし、現在の〝うざい〟は、「うっとうしい」「わずらわしい」「うるさい」「面倒くさい」「気持ち悪い」「邪魔」という、マイナスイメージ全般に通用するほど広い意味合いを持つようです。

試しに「ごちゃごちゃして」を加えてみると。

ごちゃごちゃしてうっとうしい。ごちゃごちゃしてわずらわしい。

ごちゃごちゃしてうるさい。ごちゃごちゃして面倒くさい。

ごちゃごちゃして気持ち悪い。ごちゃごちゃして邪魔。

どれも意味が通りますから、「うざい」の根底には「ごちゃごちゃした」ものへの嫌悪があるのでしょう。小言の多い母親や教師、あるいはまとわりついてくるような人間関係は、まさに「うざい」ものの典型であるようです。

しかし、江戸時代中・後期の川柳句集の『柳多留《やなぎだる》（十九）』には、「うざっこい親類の来る美しさ」という面白い句が載っています。

ごちゃごちゃしたものを〝美しさ〟と感じる感性がちゃんとあるのです。人間関係は織物のようなもの。ごちゃごちゃにからみ合うからこそ、美しい模様が織りなされます。

縁と縁がからみ合っている私たちの人生も、「これまた美しい」と感じたいものです。

あなたは世界とつながっている

本当の自分がわからなくなったら

すべては縁と縁がからみ合って存在しているというのは、どんなことも単独では存在し得ないということです。そしてまた、将来もさまざまな縁がからむ可能性があり、そうすれば、今の状況は変化するということです。

もともと人間の体も、眼耳鼻舌の感覚器官や骨、皮膚などのパーツの集合体。動物も、昆虫も、植物も、今あなたの目の前にあるどんな品物でも集合体として存在しています。そして、そのすべてのものが相互に関係性を持ちながら、織りなして社会、世界を構成しています。言いかえれば、一人の人間が世界とつながり、一匹の虫や一本の草が世界とかかわりあっているということ。

詩人の金子みすゞさんの「蜂と神さま」という詩は、そんな世界観をやさしく提示してくれます（「新装版　金子みすゞ全集」ＪＵＬＡ出版局より）。

蜂はお花のなかに、
お花はお庭のなかに、
お庭は土塀のなかに、
土塀は町のなかに、
町は日本のなかに、
日本は世界のなかに、
世界は神さまのなかに。

さうして、さうして、神さまは、
小ちゃな蜂のなかに。

自分がチッポケな存在に思えたら、もっと小さなものを見てください。その小さなものと大きな世界との関係に思いを馳《は》せてみてください。自分の中にも、大きな世界がつまっていることを実感できます。

ありのままの自分を見つめ、認めよう

千変万化する「空」のあなたが主人公

作家の故・遠藤周作さんはクリスチャンでしたが、あるとき友人の作家が遠藤さんの影響を受けてクリスチャンになりました。洗礼を受けてから初めて遠藤さんに会ったとき、彼は晴々した表情で、こう言ったそうです。

「これで、やっと『僕は死にたくない！』って泣き叫ぶことができるんだな」

私たちは普通、苦しいことや悩みごとがあっても他人には気づかれないようにします。人に知られぬうちに解決しようと、口数も少なくなり、精気さえなくなります。自分という小さな殻にこもってしまうヤドカリのようなものです。

しかし、それでは、自分と外の大きな世界がつながり合い、自分の中に自分を生かしている力（命の力）があり、他を思いやる大きな心があることに、なかなか気づくことができません。

信心というのは、こういうときにとても役に立ちます。お墓やお寺の本堂で〝私はこういうことで苦しんでいるのです。悩んでいるのです〟と打ち明けることができるからです。

苦しみや悩みがある場合、私たちはそれを早く解決しようとだけ考えがちですが、じつはその前に、「自分は今苦しみ、悩んでいるのだな」という心の奥をハッキリさせること――自分を明らかにすることがとても大切です。

問題解決の方法よりも、その状況にある〝ありのままの自分〟を認めることで、ずっと心が軽くなるものです。遠藤さんの友人の言葉は、まさにこうした意味だったのでしょう。

そして、〝ありのままの自分〟とは、日本人でありながら、地球人でもあり、宇宙人。誰かの子どもでありながら、同時に誰かの親であったり、兄弟であったりする自分。状況によって千変万化する「空」の体現者でもあります。

「空」の体現者であるあなたこそ、あなたの人生の主人公にほかなりません。

自分の人生をしっかり「あきらめる」とは

ドラマの主役は常にあなた自身だから

大ヒットした映画や芝居には、強烈な個性を発揮する主人公がいます。しかし、主人公（主役）を中心にして物語が展開するのは、お話の中のこと。

実際の人生では、〝私〟以外に主役はいません。専業主婦にしても、脇役ではなく、家庭という場にスポットライトを当てれば、主婦こそが主役です。

映画や芝居の役者さんは、自分の演じる役がたとえ「隣の家のおばさん」という設定でも、その人がどんな両親に育てられ、学校時代は何が得意だったか、どんな恋をして、どんな価値観を持っているのかなどをできるかぎり想定するそうです。そうしないと自分の役を演じきることができないからです。そんな脇役とされる人物にスポットを当てたエピソードが作られることがあります。一般に「外伝」といわれるもので、本編よりも高い評価を得たりします。

同様に実生活でも、華々しい活躍をする人を見て自分を卑下したり、投げやりになったりすることはないのです。世間ではどんなに目立たない存在であろうと、あなた自身を主人公にした人生のドラマが、現在も進行中なのです。

日本語で、あることをしっかり見極めてそれを明らかにすることを「諦める」と言います。望みを捨てる・断念するという意味だけで「諦める」という言葉を使いがちですが、その前提として、たとえ望みを捨てるにせよ「今の自分には本当に無理なのか」ということをしっかり「明らか」にしないと、諦めることはできないのです。

夜の町が、日の出と共に明るく照らされて、町の全貌が「こういう町並みなのだな」と明らかになるように、〝ありのままの自分〟——主人公であり、素晴らしいものを内蔵している（仏の種を宿している）自分——を明らかにする智恵を磨いてみましょう。そうすれば人生という舞台で、軽々に望みを捨てたり断念したりせずに、自分が主人公だと諦めて、しっかり生きていけます。

得にもならないことをやる人・やらない人

人生は損得よりも「尊と徳」

ある自治会で役員改選がありました。誰かが引き受けなければならないのは明らかですが、なかなか決まりません。

そしてついに、町でも〝人がいい〟と評判の方が、役員を引き受けてくれることになりました。さて、この方が家に帰って奥さんに事の次第を報告すると……。

「どうして、そんな役を引き受けたんですか！」と奥さんは荒い語気。

「だって、今まで会社勤めで、地元に対して何もしていないから、退職した今こそ何か役に立ちたいと思ってさ」

「まったく人がいいのにも程があります。どうしてあなたがやらなくてはいけないのですか。ほかにやる人がいくらだっているでしょうに」

「ほかにいないから、なったんだよ」

「だから〝お人好し〟って言われるのよ。そんなことやったって、何の得にもならないのに、バカねぇ。そうやってあなたは一生損な役回りばかりさせられるのよ」

「そうすると、お前は俺に得なことをやって、損なことはするなと言いたいのか」

「当たり前でしょ」

「だとすると、お前は得だから俺と結婚したのか？　得だから料理作って、掃除して洗濯しているのか？」

「……」

「この先お前が認知症になったり、寝たきりになっても、俺が面倒を見るのは損だと思ったら、お前の面倒を見なくていいということか？」

損得は、損益と利益のことで、勘定をするときの用語です。それを人生に当てはめてしまうと、にっちもさっちも行かなくなります。

損得という価値観ではなく、同じソントクなら、損を尊いの「尊」、得を人徳の「徳」にさしかえた豊かな人生を送りたいものです。

心の安らぎを得る「少欲知足」のすすめ

小さな満足でも人生を豊かにできる

〝幸せの方程式〟というのがあるのをご存じですか？

（［現実］÷［理想］）×一〇〇％というのがそれです。本書の趣旨にそってみれば、（［実際の状況］÷［ご都合］）×一〇〇％としても同じことです。この数値が高いほど幸せの度合いは増えます。

お金を十万円欲しいと思っている人が、実際に持っているお金が一万円だったとしましょう。そうすると、幸せ度は一〇％です。臨時収入が十万円あれば、幸せ度は一〇〇％になります。

あるいは、理想は［一戸建て・外車・ペット・海外旅行・ブランド品］だとすれば、実際にこれら五つがすべて揃えば、幸せ度一〇〇%。しかし、海外旅行しか実現しなければ、幸せ度は二〇%です。

この方程式の数値を上げるためには、二つの方法があります。

一つは、現実（実際の状況）を理想（ご都合）に近づける方法です。日本人が経済成長の時代に選択した方法で、カー・クーラー・カラーテレビの3Cが揃うことを理想として、一生懸命働いて一つ一つ揃えていくことで、幸せ度をアップさせました。

数値を上げるもう一つの方法は、理想（ご都合）の数を減らす方法です。仏教の「欲を少なくして足ることを知る（少欲知足《しょうよくちそく》）」という方法です。

財布の中に一万円あって、それで十分だと思えば、幸せ度数は一〇〇%。海外旅行に行ければ他はいらないと思えば、海外旅行をすれば大満足なのです。

欲を捨てろとは言いません。多すぎる欲や、欲望に執着することが苦を生むのです。多くを望むよりも、欲を少なくすることで、心は安らかでいられます。

「ごはんは、白いお米とお新香があればそれでいい」……これぞ少欲知足の原点。「ごはん」で実践している素敵な仏教的生き方を、人生にも応用してみませんか。

あなた自身が菩薩として生きられる

すべての縁に感謝して〝大いなる楽〟を目指そう

「仏教」というのは、面白い言葉です。

〝仏さまの教え〟と取れば、お経やその解説書を読んだり、お坊さんの話を聞いて「はあ、なるほどねぇ」と感心するイメージになります。いわば受け身です。

〝仏になる教え〟と取れば、自分で動かないといけませんから、主体的に私たちが人生を歩いていくこととつながってきます。このイメージから「仏道」という言葉が使われるのはご承知のとおり——この本もそのつもりで書いています。

これが英語だと〝ブッディズム（Buddhism）〟。イズムを日本語にすれば「主義」。仏陀主義？　仏教は主義の一つかあ？　と仏教徒は天を仰ぎたくなりますが、それは西洋の見方だから仕方がない。

西洋の宗教観では、人間と神さまは別次元の存在ですから、人は神にはなれません。しかし日本古来の宗教では、人が神になれます。ヨーロッパを中心とした西洋の宗教観の神と、日本・アジアの神の概念が違うのです。

そして、日本古来の神道だけでなく、インド発祥の仏教も、人は仏になれるという考え方が土台になっています。仏さまは心に何のわだかまりもなく、苦しみもない境地に達した人のこと。この境地では、心に波一つなく、かぎりなく静かで、いわゆる〝無心〟という仏もいらっしゃいますが、悟りの世界を楽しんでいる仏もいます。内側からわき起こる〝大いなる楽〟を楽しんでいる仏です。

その仏になろうとする人のことを、菩薩《ぼさつ》と呼びます。悟りに憧れる人、あるいは修行者といってもいい。だから、あなたもすぐに菩薩になることができます。

毎日の暮らしの中で、今日もあなたと会えて嬉しいと笑顔で「おはようございます」と挨拶する菩薩。「お先にどうぞ」と自分より他の人のことを優先する菩薩。多くの人との縁で生きていることを「ありがとうございます」や「おかげさまで」の言葉で表わす菩薩……素敵に生きている人は、すでに菩薩なのです。

恋も仕事もうまくいかない私は負け組か

七年付き合った彼が別の女と結婚するというので別れました。最近派遣の仕事も解雇されました。ずっと正社員にもなれず、信じていた男には裏切られ、バイト仲間の女性は「どうせ私ら負け組だから」が口癖です。たしかに今までいいことはありませんでしたが、負け組だなんてまだ思いたくありません。だいたい人生で勝ち負けなんてあるんでしょうか？　（27歳女性）

勝ち負けの基準なんてありません

負け組だっていいじゃないですか、昔から「負けるが勝ち」といって、一時は勝ちを譲っても結局はそれが勝ちにつながるものです——などとは言いません。「負けるが勝ち」の諺《ことわざ》も、結局は「勝ち負け」にこだわっているからです。

あなたがおっしゃるとおり、人生に勝ち負けなんてありません。

勝った負けたなんて言葉は、ゲームかスポーツか、技の優劣を競い合うコンテストくらいに使っておけばいいのです。

好きな男を取り合ったのなら、これはある意味勝負ですから、あなたは別の女に負けたことになります。でも、おっしゃるように「裏切られた」という次元で考えれば、つらい思いはしたものの「負け」ではありませんね。仮に裏切られなかったからといって「勝った」と思わないのと同じです。

また、正社員と派遣の差や、解雇されたという表面上のことだけに目を奪われていれば、あなたの現状は競争社会の勝ち抜きゲームに負けたことになるでしょう。しかし、あなたがもし正社員になり、彼氏と結婚もして安定した生活を確保したとき、「私は勝ち組よ」と負け組に対して勝ち誇りたいと思うなら、じつに愚かで鼻持ちならない人間ということになります。

ゲームやスポーツなら勝ち負けの基準は明白です。しかし、人生における勝ち負けなんて誰が決めるのでしょうか。何をもって勝ち負けというのか、そんな基準などありはしないし、もしあるとしたら個人の心の中にしかありません。

だいたい、この世は一切が「空」であるのに、勝った者は何を得て、負けた者は何を失うというのでしょう。そんなくだらないことにこだわるのは一切やめてしまいなさい、と般若心経は言っているのです。

「どうせ私ら負け組だから」というバイト仲間の方は、「勝ち組負け組」という監獄にみずから入ってしまっているのかもしれませんね。表面的な勝ち負けにとらわれ（マスコミの影響もあるでしょう）、「負け」と判断したことばかり頭から離れず自嘲的になっているのです。あなたが反発するのは当然だし、今後どんな人生を送ろうと、自分を負け組などと思う必要はまったくありません。

いろんなドロップの味を味わってこそ

冷静になって、考えてみてください。あなたが生まれ、家族と過ごし、さまざまな経験をして、友だちと笑い、泣き、とりあえず健康でいられるその幸せを。

これまで積んできた多くの経験値は、男に裏切られないための準備でも、正社員になるための準備でもないのです。それはあなたが一人の人間として、「勝ち負け」なんかにこだわらない、心が大きな人になるためのものだと思うのです。

そして、最近身の回りに起こった、あなたのご都合どおりにいかないことも、あなたが、よりやさしく懐の深い女性となって人生を送るための材料でもあるのです。

もし、勝ち負けを考えてしまうなら、どうか「自分の心」に当てはめて、「勝ち負けなどという、つまらないこだわりから抜け出せない自分の心に負けている」と思うようにしてほしいのです。

世の中は、缶入りドロップのようなものです。イチゴ味を取った人が勝ち組でもなければ、ハッカ味を取った人が負け組でもありません。メロン味もオレンジ味も、取ったものそれぞれの味を楽しめばいいのです。

男に裏切られたすっぱい味を味わうのが今だし、派遣を解雇された苦い味を味わうのが今なのだとふっ切ってしまいましょう。

そして、世の中にはまだまだたくさんの美味《おい》しい味が残っています。

さあ、笑顔で「おっはよー!」と挨拶しましょう。

人に世話を焼かれるのがうざい

30を過ぎましたが、定職もなく独り立ちできず、家族に世話を焼かれるのが苦痛です。人とかかわるのも面倒で苦手。つい、うざい、関係ねえ、と思ってしまうのです。うっとうしい人間関係を離れた生き方をしたいのですが、いい方法はありますか。(31歳男性)

自分を律して生きていけるか

まったく、あなたのような人にとって、この世(とくに今の日本)は生きづらいですよね。

仏教ではこの世のことを「耐え忍ぶ場所」という意味の「サハー」といい、これが「娑婆《しゃば》」のもとです。娑婆は生きづらく耐え忍ぶ場所であることは、今も昔も、どんな人にも当てはまることに変わりはありません。

それにしても、坊さんの立場からすると大変興味深いご相談です。定職にもつかず、人とかかわるのも好まず、という生き方は、表面上は坊さんの一つの理想形に近いものがあります。利益のために働かず、世俗とかかわらずに山中や僧院にこもり、修行に励む僧侶の生活のようです。

ただ異なるのは、僧侶は出家してみずからを戒律にそって厳しく律し、仏教の勉強をし、悟りに憧れて、明けても暮れても修行三昧の生活をしている点です。僧侶が信者から尊敬を集めるのは、そうした生き方によるものです。

あなたもいっそのこと、本当に出家してはいかがでしょうか。

残念ながら現在の日本のお寺では、現実逃避が目的の弟子はとらないところがほとんどなので（ひょっとしたらあるかもしれないので調べてみては）、タイやミャンマー（ビルマ）などの南伝仏教の国でお坊さんになると、けっこうあなたの理想の生き方ができるかもしれません。

僧坊の静かな環境で、人とかかわるたびに、つい「うざい、関係ねえ」と感じてしまう自分を「なぜだろう」と見つめてみましょう。

でも、そんな厳しい生活をする勇気は今のところないのでしょうね。自分で自分を律することはとてもむずかしいものです。それでもどこかで、「なぜだろう」の問いかけだけは一度必ずやってみてください。

目標を設定して日々笑顔でいけ

私たちの心の中には「貪《むさぼ》り」「怒り」「愚かさ」（貪瞋痴《とんじんち》の三毒）という猛獣がいます。この三匹の猛獣を放っておくと、次第に心が腐ってきます。

想像ですが、今のあなたは他人から逆に「うざい、関係ねえ」と思われても、表面的にはそんなの関係ないとはねつけることでしょう。

他人とのかかわりを断っても、ある目的や自己実現のために自分を律して生きていけるならいいのです。しかしそれができないと（できない人が多いのです）、三匹の猛獣がのさばりはじめ、やがて心の腐敗臭が染《し》みだしてきます。

そうなると誰もあなたに近づいてきません。

私たちが生きていくというのは、心に巣食う猛獣を調教していくようなものです。心を腐らせないという目標のために、我慢してやることをやり、やりたいことでも我慢してやらないということです。説教じみて恐縮ながら、じつは我慢の前提には目標設定が必須だと思うのです。定職につけないのも、自分がこうなりたいという目標設定が曖昧だからではないでしょうか。

あなたのような人は普通トコトン意地っ張りですが、こうした相談を寄せてきたこと自体、現状を打破したいという思いがあるはずです。まずその思いを正直に誰かに話してみませんか。「どうにかしたいんだよね」と。話す相手は、もうおわかりでしょうが、あなたが「うざい」と感じてきた、親や兄弟、友人知人、先輩など、つまり今まであなたを気にかけてくれていた人です。

もし、私がここまで述べたことをすべて「そんなことは面倒だ」と思うなら、せめてものお願いです。あなたのやり方で好きなようにしていていいですから、好きなようにしているのなら、せめて「うざい」ような顔をしないで、笑顔でいてください。そうすれば、自然に対人関係がうまく回転していくはずです。

この世を娑婆にするかしないかは、あなたの心がけ一つなのです。

本当に人を思いやる行いとは

会社では部下や同僚に、家では子どもに、よかれと思ってやってきたことが、感謝もされていないどころか疎《うと》ましく思われているようです。面倒見がよく思いやりのある人間を心がけてきたつもりが、相手には伝わらず、ただうざい、空気の読めない中年と思われているようです。本当に相手にとってよい行い、相手を思いやる行いとは何なのでしょうか。（47歳男性）

本当のお節介は慈悲に通じる

なんだか、私のことを代わって相談してくださっているようで、少々困惑しますね。お気持ち、よくわかります。

じつはこの「和尚の相談箱」というコーナーの内容は、私にとってかなり刺激的なのです。いつもは仏教の話をしていればよいのですが、具体的な個々の事例となると、仏教の大きな枠でお答えしてもきっと即効性はないと思われるし、文章で相談に答える機会も滅多にないので、どう答えたらいいものか困惑することも多いのです。

で、困った結果、お茶を持ってきてくれた家内に「お前さんなら、どう答える?」とたずねる始末……。このご相談を読んでもらったら、答える代わりにニヤリとしました。「これってあなたのことじゃないの」と、その不敵な笑みは語っていたのでございます。わはは。

さて「これは自分のことではないか」と思ったご相談も、立場が異なると客観視できることが判明。ありがたいと思います。

私の師僧が残した文章にこんな言葉があります。

「お節介《せっかい》本能こそ慈悲」

お節介は教えられてできるものじゃない。持って生まれた人間社会の潤滑油で、いわば仏性そのものだ。でしゃばり、お節介、過ぎれば世の中ぶちこわす。そこで報恩、四恩の教えがタガをかける。大日如来《だいにちにょらい》とはお節介の総元締め。即ち「大慈《だいじ》」とはお節介をいう。行き過ぎをコントロールする智恵を「大智《だいち》」という。人間この分身を生まれながらにして持つ。

（四恩……私たちは父母・衆生・国・仏法僧の四つの恩によって生かされているという教え）

あなたが人のためによかれと思ってやってきたことは、じつはお節介でしょう。しかし、それもご恩返しのつもりでやれば、それこそが仏教でいう「慈悲」の行いです。だから、人からウザイと思われようとも自信をもって続けていけばいいと思います。人のことにはおかまいなしという風潮の中で、それだけ人にお節介できるのはとてもいいことです。

見守ることで行き過ぎをセーブ

あと必要なのは、その行き過ぎをコントロールする智恵を磨くことでしょう。「大慈」を「大智」でバランスを取るということです。

ここは少し「見守る」という路線でいってみませんか。直接手や口を出さないのです。ささいなことにも、つい何か言いたくなるようでしたら、そこが「出過ぎなのか」と我慢しましょう。

ビーカーなどで適量を測るときに、量を少しずつ増やして目盛りに合わせる方法と、最初に多めにしておいて、少しずつ減らしていく方法があります。あなたの場合は、周囲の人からは十分すぎる量のお節介のようですから、お節介の量をちょっとずつ減らしていくのがいいと思われます。

ご相談にある「相手にとってよいこと」についてですが、あなたがしてあげていることが、相手にとってプラスなのかゼロなのかマイナスなのかは、そのときにはわからないことも多いはずです。今はウザイと思われてしまうことでも、数日後や数年後に感謝されるかもしれないし、されないかもしれません。

それは相手の思いや行動が決めることですから、あなたには判断できませんね。だから、これからも出過ぎをコントロールしつつ、よかれと思うお節介をして、精一杯明るく生きてください。空気が読めない中年と思われようとも、きっとその明るさが周りに広がっていきます。

一生、苦と悲しみから逃《のが》れられないのか

一人息子を若いときに亡くし、以来、写経などを通して「般若心経」や仏さまに救われた気持ちでいました。しかし昨年夫を亡くし、今は一人ぼっちで、悲しくてつらくて仕方ありません。苦の原因は「無明《むみょう》」にあるといいますが、わたしは死ぬまで無明から抜け出せないのでしょうか。（65歳女性）

特定の愛を「無縁の愛」へ広げる

ご子息を亡くされてから、その供養のためにと書かれた「般若心経」の写経行《しゃきょうぎょう》

は、亡きわが子のために親ができる尊い功徳行《くどくぎょう》だったでしょう。

それはおっしゃるようにご自身の心の安定につながったはずです。そして、そのときには、深い悲しみを分かち合うご主人がそばにいてくださったのですね。

ところが、ご主人が亡くなられてからの寂しさとつらさは、喪失感と共に「一人ぼっち」のそれ。そばに悲しみと寂しさを共有できる人がいないつらさは察するに余りあります。

その寂しさからくるつらさという沼から抜け出す方法の一つとして、ご質問の中にあるように仏教の「無明」に気づかれたのは、息子さんの供養のために書いた般若心経のおかげ、いや、つまり息子さんのおかげでしょう。

ここは一歩進んで、般若心経で「無無明　無無明尽」と言っているように、「無明から抜け出す」ことにこだわることもやめてしまいませんか。

言葉や概念に振り回されるより、現実の人生を具体的にどうしたらいいのかを考えましょう。

愛する者と別れなければならない苦しみという意味の「愛別離苦《あいべつりく》」は、仏教でいう八苦のうちの一つ。愛という執着があるから、その愛を失うことへの苦悩が生まれるのだから、愛に執着するなと仏教では説く場合があります。

人を愛するなとは、ずいぶん醒めた考え方のようですが、これは特定の者だけへの愛に執着しないほうがよいという教えだと思います。

相手を特定しない愛は、仏教では「無縁」といいます。特定の縁を持たないことから、分けへだてのない絶対平等の安らぎの境地だとされます。

特定の人を愛するだけでなく、誰をも、すべてを――動物でも植物でも、生きていても死んでしまっても――いとおしく感じられるようになれば、愛別離の苦しみは減少していくでしょう。

明るく生きる力を引き出すには

ここまでが仏教の一般的な愛別離苦の対処法。

しかし、これは聖人くらいしかなかなか到達できない境地だろうなと私は思います。理屈では今のあなたの状況から出られませんものね。

そこで、こんなふうに考えて、実行してみてはいかがでしょう。

家族や夫婦のしがらみが、お子さんとご主人の死によって一本、また一本とほどけてしまい、今は立っているのも頼りなく、心細い一本の糸のようなあなた。ここは再び他の糸をからみ合わせることで強くしていけるのではないかと思うのです。気の合うお友だちとおしゃべりするのもよし、散歩に出て目にするもの、肌にふれるもの、耳に入る音などを存分に観じてみてください。

今のあなたの心は、寂しさで、流れのない沼のような状態なのかもしれません。人との会話や外の世界、自然界の刺激は、一人家に閉じこもっていては浮かび上がってこない、生きいきとした感性を浮上させる助けになるはずです。

心の底に埋もれている〝明るく生きる力〟を浮き上がらせるために、今いる沼の水を攪拌《かくはん》してみるのです。人や自然との接触はそういうパワーも持っているのです。心も体も外へ一歩踏み出してみましょう。

そうすれば、今までは仏壇の遺影を見て「あなたたちはどうして私を残して逝《い》ってしまったの」と恨めしく鳴らしていたおリンを、やがて「ただいま！　今日はね、面白かったよ～」チ～ン！　と鳴らせるようになることでしょう。

そしていつか、「ああ、やはり〝無明〟なんか無かったのだわ」と思える日がくるはずです。

わが子をうまく愛せません

親が不和で、あまり愛情をかけてもらわなかったせいか、幼いわが子をうまく愛せません。言うことを聞かない子どもがかわいく思えません。親失格でしょうか。どうすればいいでしょうか。（31歳女性）

最も強い縁で結ばれているのだから

子どもの愛し方がわからない親たちには、個人的な三つの特徴があるそうです。その一つが、あなたのように「親が不和で、あまり愛情をかけてもらわなかった」ために、子どもの愛し方がわからないというもの。

二つめが、自己評価がとても低いということ。つまり、自分は親として駄目な親であると思い込んでいること。

三つめが、他人との人間関係を作るのが苦手であるということ。

もちろんこれらの個人的なもの以外に、将来が見通しづらい社会の状況や、さまざまな社会的要因もあるでしょう。しかし、今の社会状況は誰もが共通して背負っているものですから、社会が悪いから子どもをうまく愛せないのだと責任転嫁はできません。

解決したいのは三つの個人的な要素。このうち一つめと三つめは同根だろうと思います。自分と子、自分と他人のかかわり方がよくわからない、あるいは自分の思ったようにできないのは、周りに手本が少なかったことも大きいでしょう。

親は生まれてくる子どもを選べないし、子どもも親を選べません。与えられた親子関係はそれを受け入れるしかありません。雨でも晴れでもその日の天気を受け入れなければならないようにです。

そして、親子関係に限らず、私たちは幾億もの縁のつながりの中で今日を生きています。あなたが今着ているもの一つとっても、化学繊維なら、どこかの国の地中ではるか昔の化石が石油となり、それが掘り出され、運搬、精製され、繊維にし、布となり、着色、縫製されたもの。それが商品として店頭に並び、あなたが購入し、タンスの中に数ある服の中から、今日あなたがそれを選んだ……。そのあなたが、この本を手に取り、誰かと会い、おしゃべりをする。さっきコンビニで一緒になった知らないおばさんも、一期一会《いちごいちえ》かもしれませんが、今日のあなたと同じ街の中にいるという縁があります。

こうした膨大な縁の中で、夫婦となり、親子になることは、最も強い縁を結んでいると言っていいはずです。せっかく強い関係を持った人や物に対して、もっともっと関心を持ってみましょう。

もっともっと関心と感動を持って

お気に入りの服は、あなたが強い関心を持ったから買ったはずです。着るたびに「いい服だな」と思い、ボタンがとれそうになれば直すだけの関心があるでしょう。相手が物であれ、人であれ、好きであれは関心を持ち、気配りすることは容易です。「好き」ということ自体が関心の表われですから。

ところが、好きでないものに関心を抱くことは容易ではありません。さて、ここが踏ん張りどころです。強い縁がすでにある夫婦や親子という関係では、無理にでも関心を持つ必要があります。これは最初のうちは義務くらいに考えていないと、当たり前の習慣にまでなりません。

奥さんが美容院へ行って髪を切ったことに気づかない夫。○○好きの旦那の自慢の○○コレクションがまた増えたことに気づかない妻。せっかく子どもと一緒に歩いているのに、自分だけ携帯電話で楽しそうに話している親。

おい、もうちょっと頑張れ！　関心を持とうよ！　と言いたくなります。

そして、身内への関心を他者にまで広げていくのも、努力が必要です。とにかく、相手のいい点（性格でも、外見でもかまいません）をまず見つける努力をしてみるのです。誰でも一つや二つは美点を備えているものなのです。すごいな、素敵だな、えらいな……と人間に感動することで、自分も頑張ろう、少しでも近づこう、と前向きな人間関係、前向きな生き方ができるようになると思うのです。

努力（仏教語では「精進」）することで、自己評価も徐々に上がってくるはずです。さあ、笑顔で頑張って！

みんなみんな、仏さま！

一人の人間であるお釈迦さまが悟りを開いて仏陀《ぶっだ》（目覚めた人という意味）になりました。今から二千五百年ほど前のことです。後の人々は、何が釈迦をして悟らしめたのかと考えました。

「悩んだから」「生まれたから」「人の死に出合ったから」「雲の流れを見たから」「川のせせらぎを聞いたから」「人の残酷さを垣間見たから」「人のやさしさにふれたから」……。そして、およそお釈迦さまの周囲にあったものすべてが、悟りへのキッカケになっていることに気づいたのです。

こうして、一人の人間を悟らせるもの——そんな素晴らしいものも仏と呼ぶことになりました。

時代は変わり、場所が変わっても、こうした力（仏）は今の私たちにも分けへだてなく加わっています。空も海も、山や川も、花も木も昆虫も、あなたの周りの人々も、みんな、みんな、仏さまなのです。

私たちを悟らせようとしている無数の仏に囲まれて、さあ元気を出していきましょう。

第五章
「笑って生きる」のも仏さまの智恵

心無罣礙　無罣礙故　無有恐怖　遠離一切顛倒夢想　究竟涅槃

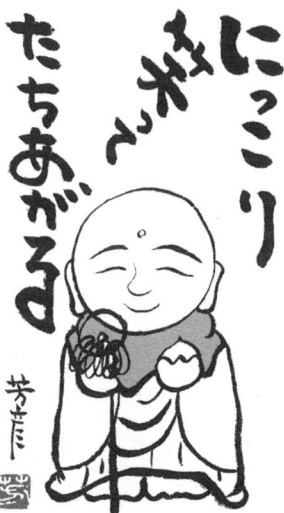

菩薩は智慧を得ることで、心を覆う一切のものが消え、恐怖もなく、つまらぬ夢想にとらわれることもなくなりました。

菩提薩埵《ぼだいさった》依般若波羅蜜多故《えはんにゃはらみったこ》　心無罣礙《しんむけいげ》　無罣礙故《むけいげこ》　無有恐怖《むうくふ》　遠離一切顛倒夢想《おんりいっさいてんどうむそう》　究竟涅槃《くきょうねはん》

仏の智慧で心の曇りは消えていく

般若心経は、起承転結がハッキリしているお経です。

起――観自在菩薩は空について照見して、苦しみがなくなったのですと、最初に結果を述べる部分。

承――舎利子に、色（物体）をはじめすべてのものが空であり、絶対と思っているものにさえこだわることはない、と具体例をあげて説明する部分。

転――般若波羅蜜多（智慧《ちえ》の完成）の効果について説く部分。

結――般若波羅蜜多の門を開くための真言を示す部分。

このうち「転」がはじまるのがこの「菩提薩埵は、般若波羅蜜多に依《よ》るが故《ゆえ》に」。般若心経では、この先もう空の説明はしません。それは「承」で十分に説明し尽くしたからです。ここでは、お経の冒頭にある「観自在菩薩が彼岸へ渡るための智慧の修行をしていたとき、すべての事象は空だとわかった」――を受けて、「空を知り、真理に目覚めるとどうなるか」という話が展開されていきます。

菩提薩埵とは菩薩のこと。その菩薩が修行の過程で般若の智慧を得たら、まず「心に罣礙《けいげ》がなくなった」と説きます。「罣礙」は邪魔するもの・覆《おお》うものという意味。般若波羅蜜多によって、心の自由な活動を妨げるものや、心本来の輝きを覆っていたものがなくなり、晴々とした心になったのです。

そして、そのため恐怖もなくなり（無有恐怖）、斜に構えるようなこともなく、現実を無視した夢見心地のような思いに浸ることもなくなった（遠離一切顚倒夢想）というのです。

お経はこのあと「三世諸仏《さんぜしょぶつ》　依般若波羅蜜多故《えはんにゃはらみったこ》　得阿耨多羅三藐三菩提《とくあのくたらさんみゃくさんぼだい》　故知《こち》般若波羅蜜多《はんにゃはらみった》」と続きます。過去・現在・未来の仏さまたち（三世諸仏）も智慧の完成によって、この上ない正しく深い悟りを開くことができたというのです。

笑顔に迎えられたことを忘れずに

心の覆いをときどき取り除きましょう

埼玉県さいたま市に、子どもたちによるミュージカル劇団「メロディー・ハウス」があります。この劇団が『葉っぱのフレディ』を土台にした『さよならは始まりのとき』を上演したことがありました。

その劇中の挿入歌「この子の上に喜びよ降れ」（作詞・しみずさえり、作曲・遠藤芳晴）は、こんな歌詞ではじまります。

君がこの世に生まれ　初めて目にしたもの／それはきっと虹色のまぶしい光の泡粒／いいえ、きっと父さん母さんの優しい笑顔
君がこの世に生まれ　大人たちはつぶやく／なんと小さい頼りなくまぶしい

一つの命よ／だけど広い宇宙のただなかで出会った命

この歌を初めて聴いたのは、私が仲間と月に一度聲明《しょうみょう》ライブをやっているお店でした（聲明とは節付きのお経）。歌ってくれたのはこの曲の作曲者で、シンガーソングライターであり二胡奏者でもある芳晴さん。人柄を表わす温かくやさしい歌声を聴きながら、あらためて詩人の感性と音楽の力を体一杯で感じました。

私たちが生まれたとき、両親をはじめ、祖父母、看護師さんらのやさしい笑顔が見つめていました。そうなのです――たくさんの笑顔に迎えられて、私たちはこの世に生まれてきたのです。

そして〝生まれる〟というのは、「この世に生まれ出たい！」という人生で最初の、純粋で前向きな意志表示ではないでしょうか。

ふとわが身を振り返って、心が何か暗く、冷たいものに覆われはじめたことに気づいたら、自分が「生きる」という純粋な意志を持って生まれ、たくさんの笑顔で迎えられたことを思い出し、心を覆うもの（罣礙《けいげ》）を一つ一つ取り除いてはいかがでしょう。せっかくいただいた命を十分に生かしていくためにも、それは大事なことではないでしょうか。

見返りを求めず、悪しきことに近寄らず

「六波羅蜜」で心の平安を —— 布施と持戒

般若心経は、波羅蜜多《はらみった》（悟りの岸にいたるための智慧）について説かれたお経ですが、一般に仏教では、彼岸へ渡るために六つの方法（行）があるとされています。

それが「六波羅蜜《ろくはらみつ》」（ロッパラミツとも読みます）で、「布施《ふせ》・持戒《じかい》・忍辱《にんにく》・精進《しょうじん》・禅定《ぜんじょう》・智慧《ちえ》」の六つをさします。

一番めが、私のような坊さんからは聞きたくないであろう「布施」。

国語辞典によれば「与えること。喜んで捨てること。金や品物を与えることばかりでなく、親切な行ないも布施である」とあります。「与える、喜んで捨てる」

……だから、お布施は〝取られるもの〟ではないのです。

布施は基本的に見返りを求めない行為で、何かの対価ではありません。だからこそ功徳があるのです。自分の物へのこだわり・見返りへのこだわりを捨てる代表格の行為（修行）といってもいいでしょう。

そして次は、戒を保つという意味の「持戒」。

よく戒律といいますが、律は法律のように他律的な「何々するな」であり、戒は「何々からなるべく遠ざかっていよう」と自分から誓うことです。

面白いことに、戒の多くは不殺生《ふせっしょう》や不偸盗《ふちゅうとう》のように「不＋悪いこと」となっています。つまり、「悪いことからなるべく遠ざかっていよう」とすればいいのです。積極的に善いことをしなくてもいいというのです。

普通に生きていれば悪いことへの誘惑はたくさんあります。嘘をつく、人を騙す、他人の財産をちょうだいする、暴力をふるうなど……。

このような悪いことをしないで戒を保つだけでも、素敵な人になれるというのが「持戒」です。

トゲトゲの心も丸ごと包み込んで

我を張らないでガンバってみる――忍辱と精進

六波羅蜜の三つめは「忍辱《にんにく》」です。ニンニクと読みますが食べるほうとは関係ありません。屈辱や苦しみを耐え忍ぶことです。しつこいようですが、ニンニクの臭さに耐えることではありません。

侮辱されても、その場で堪忍袋の緒を切らずに、とりあえず袋へ納めてしまえということです。侮辱されて頭に血が昇って、言い返したところで、その場の険悪な雰囲気が穏やかになるわけではありません。

たとえ言われたことが本当でなくても、されたことに正当性がなくても、正面きって反論や侮辱の言葉を返すのではなく、「ああ、そうですか」と受け流してしまう、そんな心の広さを持っていたいものです。

「私はあのようなことは決して言うまい、すまい」——それを私に教えてくれたのだと考えて（時間はかかるかもしれませんが）、相手のトゲトゲの心と言葉をそのまま包んでしまうのです。苦しいことにも今は耐えて、半年後、一年後にはこの状況を笑っていられるようになろうと、準備すればいいのです。その場はとりあえず耐えておけ——それが「忍辱」。

次は、「精進《しょうじん》」。ニンニクの後に出たからといって料理のことではありません。

自分自身に「なんだ坂、こんな坂」とかけ声をかけ、「人生七転び八起き」と踏ん張って何度も立ち上がり、心を励まして悟りへの道をひた進むことです。

意味からすると、「頑張ること」と思われる方がいるかもしれませんが、頑張るの語源は「我を張る」だともいいます。一つの道を進むのにも、自分の意見を押し通すような我の張り方をしないで、精進したいものです。

堪忍袋を首にかけて、素敵な人になるための道を、杖をついたり転んだりしながらも、ひたむきに歩んでいきませんか。途中で堪忍袋が破れたら縫い、緒が切れたら結び直しながら……てくてくと、意地を通さずに、参りましょう。

心の波を静めて鏡のように

気を安定させて一つのところへ —— 禅定

六波羅蜜の五つめは「禅定《ぜんじょう》」です。この言葉は、梵語と中国語が並んでいる不思議な仏教語です。

〝禅〟は、梵語のジャーナの音写語で禅那とも表わされることがあります。〝定〟はその意訳の言葉。動揺せずに（安定していて）、心が一つのところに決まる（決《けつ》定《じょう》）ということです。いわば気を散らさず静かに集中した時間を作ること。

私は法事の冒頭で、参列者に直径四〇センチの鐘の音を聞いてもらっています。鐘の音は、三つの音で構成されているのをご存じですか。①叩いた瞬間の音。②ゴーンと響く音。③ウォーンウォーンと唸る音の三つです。

この三つの音の聞き分けをしてもらうのです。叩いてから約二〇秒で②の響く音が消え、共鳴音のウォーンウォーンという音だけが残ります。鐘のすぐそばで聞いていると、すべての音が消えるのに約三分かかります。

久しぶりに集った家族親戚は、控室でそれぞれの近況報告などで話が盛り上がります。いうなれば、心に波が立っている状態なので、そのまま本堂でお経がはじまっても、亡き人のことを心に映すのは大変なのです。参列者の方に聞いていただくのは四〇秒ほどですが、この間に心がスーッと静まります。

鐘の響きに集中するだけで、心の波は静まり、まるで水鏡のような状態になることができます。そうして初めて、本堂の外で鳴いている鳥の声も聞こえ、組んでいる自分の手の温かさや、背中が丸まっていることに気づくことができます。

さらに、心の水鏡の表面に亡き人の在りし日のおかげが映り、水鏡の底にその人に支えられた自分の姿を見つけることもできます。

この音の聞き分けは、鐘が大きくなくても大丈夫。仏壇のおリンでも、三つの音は聞こえます。試してみてください。心が安定することで、普段の生活がどれほど心千々《ちぢ》に乱れているかがよくわかりますよ。

今をどう生きるべきかを判断するのは

楽しき日々のために使ってこそ――智慧

六波羅蜜の最後は「智慧《ちえ》」。原語はパンニャ、つまり般若です。考える力のことですが、六波羅蜜の中では最も概念的で漠然とした徳目かもしれません。じつは、ここまで述べてきた六波羅蜜の教えは、この「智慧」に集約されるともいわれています。「布施」の行いができるのも智慧があるゆえだというのです。戒を保つ（持戒）のも、保つことがどうして大切なのかを智慧の力で納得しないと実行性は乏しく、「戒などどうでもいいわい」となります。

屈辱を耐え忍ぶ（忍辱）のも、智慧ある人の行いですし、たゆまぬ努力（精進）も智慧があるからできるというのです。そしてまた、千々に乱れるわが心に気づく智慧があるからこそ、心静かに瞑想（禅定）する気になるのです。

このように、智慧は他の五つの徳目すべてを上から覆う網の役目をしているといっても過言ではありません。

また、よーく考えるのも智慧ならば、考えるのをやめるのも智慧です。

知人から聞いたこんな話があります。ある四十代の男性が末期がんの宣告を受けました。がん専門の病棟に入院したのですが、「自分が死んだら家族はどうなるのだろう」「自分が死んだら仕事はどうなるのだろう」と、自分が死んだときのことばかり考える日々でした。

ある日、彼の父親から一通の手紙が届きます。封筒の中には紙一枚。『生きている間は生きているぞ　父より』という文字が書かれているだけでした。

この手紙を見て、彼の顔色が変わります。「そうだ、私はまだ生きている。生きている間に家族とどう接するか、生きている間にできる仕事のことをしっかり考えよう」と思ったのだそうです。死しか考えなかった彼が、生きるということを真剣に考えたのです。彼は最期まで生きいきとしていたそうです。

私はこれが智慧だと思うのです。

人はなぜ死を怖れるのでしょう

受け入れなくてはいけない確実なこと

人類の歴史がはじまって以来、人はずっと死に続けてきました。

生きている間のことはすべてが不確定・不確実ですが、人間にとって確かなことは、〝今生きていること〟と、〝将来必ず死んでしまう〟という二つのことです。

そして、この確実なことに対して、人類の英知をもってしても、万人が納得のできる答えはいまだに出ていません。「生きるって何だ」「死とは何だ」――国により、宗教により、時代により、個人により、その定義はさまざまです。

「死」は誰も事前に経験できないゆえに恐怖の対象となります。自分という存在が生命体として機能しなくなる恐怖。現在受けている人間関係や財産などの恩恵を、個人的にはすべて放棄しなければならない恐怖。死にいたるまでの苦痛への恐怖……経験不可能であるがゆえの恐怖が、私たちの心を覆います。

私の父は、平成七年に七十一歳で亡くなりました。五十代で受けた手術の輸血がもとで、C型肝炎、肝硬変、肝臓がんという経緯でした。

僧侶であった父も、日々変化する体調に四苦八苦しつつ、死についてずいぶん考えたようで、所帯を別にしていた私でも「もう駄目だ」「あと一か月はもたないな」という言葉を何度聞いたかわかりません。たまりかねて「あまり言われても、言われたほうも困ります」と答えたことがありました。

すると、一週間ほど後のこと、自筆の色紙をニヤリと笑いながら私に見せました。そこには、『死ぬ死ぬと、言う人に限り長生きと。だから私は死ぬ死ぬと言う』とありました。父の精一杯の意地と照れが感じられました。

そして、亡くなった後、父の備忘録ともいうべきノートには、この言葉を走り書きした後にこう記されていました。……「そりゃ、やり切れぬ悲しい言い訳」。

思えば、父が泰然自若《たいぜんじじゃく》として死と向き合うようになったのは、亡くなる二週間ほど前ではなかったかと思います。

#「死んでとぎれるいのちじゃないよ」

そのときがくるまでは安心して生きればいい

死にいたるまでの肉体的な苦痛。これについて父はこんな言葉を残しています。

痛み苦しみ通行手形
所詮帰りの片道切符
払える時に払っておけば
いざという時ゃフリーパス

そして、自分という存在がなくなるということについては、死の瞬間で清算できるはずだとして、こんな言葉を記しています。

「生死二律　この世から存在が消えることは大事件だが、本人にとって生理的な死は案外安易なことだと思う。存在消滅の心の苦悩の代償として、肉体に与えられた天与の律だと思う」

続いて、亡くなる一年半前、死んだら終わりではないことを色紙に書いたもの。

次生のうた
死んでとぎれるいのちじゃないよ
限り果てない大きな世界
用意も支度《したく》も要りはせぬ
またたきひとつでもうあの世

そして、亡くなる四か月前に、般若心経を土台にしたと思われるメモ書き。

生死ありと思えば　否定したり　無視したり　越えたり　無と観じたりする
はじめから　生死などという「こと」「もの」は無い
その打ち消しも　「ない」「しない」

自分の死と、オロオロしながらも正面から向かい合ったとき、私たちはおのずと自分の死を受け入れられるのだと思います。だから、そのときまで安心して生きていけばいいのです。

イヤなことでも笑うと楽しめる不思議

笑顔のアクションで気分は変わる

へんな言い方ですが、天気のない日はありませんよね。「あれっ、今日は天気がないや……」などと途方にくれることはありません。

その天気も、晴れ、曇り、雨、暑い、寒いなどさまざま。おかげで、道で誰かと会ったときも、挨拶の出だしで困ることはありません。

「暑いですねぇ」

「よく降る雨ですこと」

「さわやかですね」

自分と相手が同時に体験していることを話題にすれば、コミュニケーションがとりやすいことを、私たちは長年の経験でよく知っています。

知らない人同士でエレベーターに乗ったとき、階数表示を見上げて、「このエレベーターゆっくりですね」と言えば、「そうですね」と答えが返り、先に下りる人は「ではお先に」と挨拶するでしょう。こうした相手との共通項で普遍的なものがお天気なのです。毎日使えます。そして、毎日使えるからこそ、自分をたゆまず磨いていくのに格好の素材になると思うのです。

自分にとって都合のよい天気なら、私たちは笑顔で「いい天気ですね」と言えます。ところが、自分にとって都合が悪いときにはどうでしょう。しかめっ面していませんか？　じつは私がしかめっ面をしていたのです。そこで、出会った人をよく観察していると、イヤな雨でも「うわぁ、雨だぁ」と笑顔で言う人がいます。暑い日に汗を拭いながら「まったく、暑いですねぇ」と笑う人がいます。

そこで私は、無理に笑って言うようにしてみました。驚いたことに、これが簡単なのです。そして、イヤなことでも笑えば気分が変わるのです。笑えば、楽しめることがあるんです。イヤだな、困ったなと思うことを言うとき、笑って言ってみてください。これも心が安らかになるための一つの方法です。

亡き人も仏さまも喜ぶお経の読み方

なぜ葬式や法事でお経を読むのでしょう

般若心経をお通夜やお葬式、あるいは法事で読誦《どくじゅ》するお坊さんがどのくらいいるのか、残念ながら私は知りません（日蓮宗、浄土真宗では基本的に読みません）。

仏さまの悟りの境地を説いたり、仏さまのご利益を説いたりするお経はたくさんありますから、何を唱えるかは宗派によって異なるだけでなく、お寺で受け継がれた次第もありますし、師弟で受け継がれるやり方もあります。

仏さまの悟りの境地を、多くの意味が一文字に凝縮できる漢字で表わし、それをそのまま読誦することで、仏さまが「そうか、あなたも悟りの境地を目指しているのだな。それはそれは、何よりだ、あたしゃ嬉しいよ」と大いに喜びます（こんな言い方はしないでしょうけれど)。

もちろん亡き人にも、その意味するところは通じるという前提でお経が読まれます。加えて、お坊さんが亡き人と一緒に悟りの境地や仏さまの功徳を唱えることで、仏の弟子としての所信表明をしていると言ってもいいでしょう。

お葬式などで、みなさんが意味不明で聞いているお坊さんのお経には、こうした要素――①お坊さんが仏の弟子として仏さまに、その教えを再確認して喜んでもらい(法楽《ほうらく》といいます)、②お坊さんが亡き人に仏さまの教えを説き、③亡き人とお坊さんが揃って仏の弟子としての心構えを述べる――が渾然《こんぜん》一体となっていると考えていただければいいでしょう。

ときどき檀家の親戚の方から、「うちのお寺のお坊さんは般若心経を読んでくれないんです」と愚痴を言われることがあります。般若心経を読まないからといって怒らないでください。別のありがたいお経を読んでくれているのですから(そのお経の意味をお坊さんはみなさんにも伝えるべきだと私は思っていますが)。般若心経は、お坊さんの代わりにあなたが仏壇の前などで読んでさしあげればいいのです。亡き人も大いに喜びます。

いつも時間に追われ、心が疲れている

毎晩残業続きで帰宅は遅く、家では子どもの問題（不登校や進学）があり、いつも何かに追われて忙しく、ほっとできる時間がありません。こんな状態が数年続いているので心は疲れ、焦るばかりです。時間とどのように付き合えばいいのでしょうか。（44歳男性）

五分の瞑想で自分を取り戻す

そんなつらい時間が数年も続いているのですか。だとしたら、毎日を笑顔でゆったりと暮らしている人とは、時間の感じ方がずいぶん違うでしょうね。

できれば、ゆっくりできる時間ができるよう一日三十二時間くらい欲しいとお思いかもしれません。しかし、一日は人間が使っている単位では誰にでも平等に二十四時間です。

聞いた話では、この二十四時間をもっと長く使っている世界があるそうです。そう、テレビやラジオの業界。放送局は一時間番組としてスポンサーに売りますが、実際は五十分少しで番組は終了。残った時間を天気予報などに分単位にして別のスポンサーに売ります。言ってみれば一時間を一時間以上、二十四時間を二十四時間以上にして使っているわけです。しかし、私たちの過ごしている時間はまごうことなき二十四時間。これを水増しするわけにはいきませんね。

しかも私たちの体は一つ。一人でやることの幅を広げようとすればますます時間がなくなります。つまり、私たちにできるのは限られた二十四時間をどう有効に使うかです。

同じ二十四時間でも、心のあり方、気の持ち方によって時間の感覚は異なるものです。面白いことに、お寺は世間とは時間の流れ方が違う気がします。ゆっくりとずっしりした時間が流れていると感じるのです。

薄暗い本堂でお線香を一本立て、一人静かに目を半眼（半分閉じた状態）にして座り、吸った息が肺に充満していく様子を想像したり、自分の鼓動を感じたりしている五分は、とても充実した時間が流れます。お昼にコンビニのおにぎり二個をお茶で流し込む五分や、面白い映画のハラハラドキドキの五分とは、あきらかに質が違います。

「心は疲れ、焦るばかり」というあなたには、こうした時間を一日五分でいいから日常の中に組み入れることをおすすめします。

一日の使い方は一生の使い方

また、帰宅途中の電車の中でも、肩がこっているなら、目を閉じて肩の血流がよくなるイメージをします。車で往復しているのなら、信号待ちのとき、信号の赤い光が自分にエネルギーを充填《じゅうてん》してくれるイメージをします（あまり熱中して青に変わったのに気づかないのは困りますが）。

方法はさまざまですが、エネルギーがじんわり満ちてきて元気が回復するイメージをするといいでしょう。

そして家に帰ったら、寝る前などに五分間一人でいられる場所を確保して、お香でも焚《た》いて静かに座り、じっと瞑想してみるといいです。

毎日五分取り入れるだけで何かが変わります。

どんなに忙しいときでも五分なら作れるはずです。心や体に疲れを感じたときこそ、ぜひ試してみてください。

ここでは、ご相談の中にある仕事の忙しさ（毎日毎日残業しないと終わらない仕事を押しつける会社なら辞めてしまえという無責任なこと）や、家族のこと（不登校なら子どもとよく話し合って、子どもの気持ちをわかってあげることが最優先だとか、子どもの進学はきちんと相談に乗ってやり、アドバイスしたら最後は子どもの意思を尊重してあげようとか）については、あえて助言は申しません。

それは、あなたが一日の中で、会社や子どもを離れた自分の自由になる時間をどう使うかによって、解決する可能性が高いからなのです。

一日の時間をどのように振り分けて過ごすかを考えることは、「一生をどう過ごすか」という大切なことと同じです。ですから、あなたはとてもいいことに気づかれたと思います。

命のはかなさと理不尽を思う

小児病棟勤務で、幼い子が病気で亡くなるのを何度も目にしてきました。無垢な命が消えていくことが理不尽でやりきれません。親御さんにかける言葉もありません。元気に退院する姿を見ると心から嬉しくなりますが、子どもの死を受け止めきれず、仕事を辞めたいと思うこともあります。仏さまにすがることで何か救われることはあるでしょうか。（33歳女性・看護師）

死の理不尽さこそ仏さまが引き受ける

草葉の上に置く露の、風待つほどのはかない生命……。それが私たち人間の命だと昔の人は言いました。生まれた瞬間から、死に向かって一直線に走り続けていくようなものだとも……。

寿命が延びたとはいえ、人はいまだ、さまざまな病気や事故、天災などの前には命を守る術もなく、日々綱渡りしているようなものでしょう。体力がない子どもたちであればなおさらのこと。統計としての平均寿命が延びたのは、幼い子どもが亡くなる率が減ったことが大きな要因としてありますが、それでも、大勢の子どもたちが人生の楽しみを享受することなくこの世を去っていきます。

その失われた命に対して、看護師のあなたがそれほどの悲しみとやりきれなさを感じているのですから、親御さんの悲しみの深さはいかばかりでしょう。わが子の苦しむ姿を目の当たりにすれば、どんな親でも、代わってあげられるものなら代わってあげたいと思うでしょう。

儒教の影響からか、日本では「子どもが親より早く亡くなるのは親不孝だ」と言われてきました。たしかに、お子さんを亡くした親の悲しみと絶望感に接するとき、「親にこんな思いをさせて……」と感じる人はいるでしょう。

私も、子共を亡くされた親御さんや祖父母の方から「この子は親不孝なんでしょうか」と聞かれたことがあります。しかし、「親より早く死ぬ子は親不孝」という考え方は、生きたくても生きることができなかった子どもに対して失礼だと思うのです。もし、あなたがそんな質問を受けたらこう答えてさしあげてください。「その言葉は、生きている人たちに対して『だから健康に気をつけるのですよ』ということが言いたいだけなんです」と。

そして、幼子《おさなご》の死という不条理は、私たちのご都合を越えたものですから、「どうして?」という疑問は「わからない」としておきましょう。その〝わからないとしておく〟ということが、仏教では仏に任せるということです。

お地蔵さまに託す気持ちで

子どもの守り本尊はお地蔵さま。大地がすべてのものを育んでいく力を蔵していることから「地蔵」と名づけられた仏です。

「守り本尊」だから子どもの命を守ってくれるかというとそうではなく、死後も子どもを守り続ける仏としての地蔵菩薩です。あなたがいろいろな場所で目にしてきたお地蔵さまの多くは、幼い命の冥福を祈って建立されたものなのです。

死に直面したときは、やりきれなさに打ちひしがれるより、小学校の修学旅行の出発で、引率の先生に子どもを任せる親の気持ちになってみてください。「ここから先は付いていってあげることができません。お地蔵さま、よろしくお願いします」――そんな気持ちで見送ってあげるのがいいと思います。

そのときの、お地蔵さまとの合言葉があります。お地蔵さまのご真言（呪文）の「オンカーカー　カビサンマエイ・ソワカ」です。これを三度または七度唱えればお地蔵さまは「はいよ、わかった」と深い笑みで応えてくれます。

現在、世界で五歳未満で亡くなる子どもの数は、年間一千万人以上といわれています。あなたが直接接して救えなかった小さな命の代わりに、ユニセフなどへ寄付することで、多くの小さな子どもの命を救うこともできるでしょう。

どうか今までどおり、看護師としてあなたのできることを精一杯やってくださ い。そして厳しい現実を前にしたときは、考えこんでしまうより、真言を唱えてお地蔵さまに任せたり、医療活動の団体を支援するなどの具体的な行動をしながら、これからも闘病する子どもたちの支えになってあげてください。

それがあなたにとっても救いになることと思います。

不倫関係を断てない

妻子ある男性（元上司）を好きになってしまい、二年ほど不倫関係にあります。最近は苦しい思いばかり募《つの》り、彼もその家族も消えてしまえばいい、と恐ろしいことを思ったり、望みが叶わないなら自殺しようと考えることもあります。ある人に相談したら「不倫は畜生道に堕《お》ちる」と言われました。こんな自分はどうしたら救われるでしょうか。（29歳女性）

人の不幸を土台にした幸福はありえない

えーとですね、あなたはすでに、本能だけで生きているという意味で畜生道（牛馬のように本能のままに生き、仏の教えを受けて救いを得ることのできない世界。仏教の六道《ろくどう》の一つ）を驀進《ばくしん》していると思いますよ。「恐ろしいことを思ったり」と言われるように、このままではあなただけでなく、彼の足にすがって引きとめようとしている彼の家族までも茨《いばら》の道に引きずり込み（不倫が発覚するしないにかかわらず）、嘆き悲しむ家族を地面に引きずって、全員が身も心もズタズタになることは目に見えているではないですか。

彼にしてみれば、家族への嘘と裏切りの連続の日々。そんな生活がいつまでも続けられるはずがありません。

察するに、あなたが不倫というハラハラドキドキ＋ウキウキソワソワの映画でしか味わえないような異様に高揚した心理状態に（いまだに）あるなら、解決策を模索しても、相手が離婚してくれるか、相手もその家族も死んでしまうか、自分が死ぬか、というあたりに落ち着くほかないかもしれませんね。

そのような解決策を思いつくおぞましさを自分に納得させるため、「本当の愛とは何？」と考えたり、誰かが言っている「愛とは奪い合うもの」だとか「ソウルメイト」とか「すべては必然」とか「自分に正直に生きる」などという言葉を、好き勝手、都合のいいように我田引水して正当化しようとしていませんか。

このまま進んでも、この先にはあなただけの、あるいはあなたと彼だけの幸せの道はありません。誰かの不幸を土台にしている幸福など、どう考えてもないからです。

仮に彼が離婚をして、あなたとのネットトリした生活をスタートさせても、あなたは一生「彼の家族を不幸にした」「ある人の夫と子どもたちの父親を同時に駄目にした」ことを毎日思い出すことでしょう。同様に彼も、外で家族連れを見るたびに、テレビで子どもが登場するコマーシャルを見るたびに、「子どもたちが病気したりしてはいないだろうか、家内一人ですべてをこなしていけるのだろうか」と、不安とうしろめたさが心を覆うことでしょう。

今こそ「自分だけのご都合」を越えるとき

そして、やがてあなたたちが喧嘩をしたり、惰性《だせい》で生活するようになる頃、自分たちが不倫をした経験上、お互いの浮気に怯《おび》えて一生を過ごすことになるでしょう。結婚していた彼にしてみれば、自分の妻にないところ（性格や肉体）をあなたに求めたのでしょうから、次はあなたにないところを他の女性に求めるだろうことは容易に想像がつきます。

心の底から大声で「あはははは」と笑える日は、二人にはもうやってこないのです。そんな生き方がしたいのですか？

だから、早く不倫に終止符を打ったほうがいいです。それこそが大きな愛でしょう。〝自分だけのご都合〟を越えてください。私には、今のあなたが救われる道はそれしかないように思われます。

畜生道から抜け出るなら今です。ここ一週間でケリをつけちゃいましょう。まだ若いのだから、畜生道に身を置く覚悟をするのはもったいないですよ。

今も彼と職場が一緒であれば、転職もやむなしでしょう。心の整理がきっちりとつくまでは（一年かかるか、十年かかるか、一生かかるかわかりませんが）、彼との一切の接触は断ったほうがいいと思います。

ただ、昨今のご時世ですから、別れ話を切り出したとたん刃傷沙汰《にんじょうざた》に及ぶことも考えられます。可愛さあまって憎さ百倍ということもあります。大人の別れ方（私にはどういうものかよくわかりませんが）をしてくださいね。

死んでしまえばみな同じでは

私たちは死んだらどこへ行くのでしょう？　生前にどれだけ良いことをしても悪いことをしても、死んでしまえば同じではないのですか？（36歳男性）

生きているからこそ行いに意味がある

おお、こういう短絡的な質問はいいですね。まるで、どうせお腹がすくのだからごはんなど食べなくてもいいではないかと食事作りを拒否したり、要は心の問題なのだから服装なんかどうでもいいではないかと、お葬式に普段着のジャージで行くようなものです。

そういう人は無人島へ行ったほうがいい。そこで思いっきり悪いことをするといいです。それで心が晴れるなら。

「死んでしまえば同じ」というたった一つの狭小な視点から物事を考えるのはとても危険です。まるで高いところにある幅三十センチの橋を渡るようなもの。どうせ胃袋の中へ入れれば同じだからとカツ丼の上にアイスをのせて食べる人はいません。「いや、私は一緒に食べろと言われれば食べてみせる」などと不貞腐《ふてくさ》れるのは日本語で〝大人げない〟と言います。こういう人は誰も相手にしてくれません。

さて、「死んでしまえば終わりだ」という言葉は、大人の間でもときどき聞くセリフです。

しかし、これには大切な言葉が抜けています。死んでしまうと××が終わる、の××がないのです。なので、この言葉を言われた人はどう対応していいのかわからないで途方にくれます。

「死ぬ」ことは、肉体としての存在が消滅すること。ひいてはその脳が保持していたその人固有の精神もなくなるということ。その意味で使うのなら、「死んでしまえば今の肉体と精神は終わる」ことは真理でしょう。

いくらお金を貯め込んでも、死んでしまえば終わりです。いくら世にもまれなコレクションを集めていようと、死んでしまえば終わりです。

しかし、この言葉の上に〝良いこと〟や〝悪いこと〟をつけて、「良いことをしても死んだら終わり」「悪いことをしても死んだら終わり」と言うのは論理のすり替えです。

人生において「良いことをする」または「悪いことをする」のは、「今ある肉体の消滅」や「現在の精神構造の崩壊」とは別の次元の話だからです。

散って咲くのが人の花

私たちが生きていくことは、私たちの内心の変化は言うに及ばす、周囲に多大な影響を与えていく道程でもあります。

「私もああいう人になりたい」「あの人からこんな影響を受けたおかげで今の私がある」「あの人にこんなことをしてもらった」という芳《かぐわ》しい残り香もあれば、「あいつにはこんなひどい目にあった」「この人はひどい人だった」「あんな生き方はしたくない」など、心によどんだ澱《おり》のような存在として後世に残ることもあるのです。

死んだあとの自己存在の有無や、死後の行き先を証明することはできません。

あなたには「良いことをすれば極楽、悪いことをすれば地獄行きだ」と答えたいところですが、証明不可能なことをいくら説いても説得力がありません。

ただし、あなたの生き方が、後世の人に語り伝えられ、影響を与えていくことだけは事実です。

昔からこう言います。

虎は死して皮を留《とど》め（＝残し）、人は死して名を残す――名を残すために必死になることはありませんが、「名が残ってしまう」のです。

咲いて散るのが草木の花で、散って咲くのが人の花――散ってヘドロのように腐って臭くなる花にはなりたくないものです。

死んだらどこへ行くのかについては、別項（220ページのコラム5）で記すことにします。

亡き人は私たちを見守っているのか

亡くなった親や若くして死んだ親友は、私をいつもどこかで見守ってくれているのでしょうか？（38歳女性）

亡き人から受けているのは「心配り」

「はい、見守っています」と答えたいところですが、そうはいかないだろうと思います。

だって、考えてみてください。もし、常に見守っているとしたら、あなたがお風呂に入っているときでも誰かがあなたを見ていることになります。

極端なことを言えば、セックスしているときでも誰かが私を見守っているなんて、思いたくないでしょう。もし私が死んで見守るとしても、親しい人のそういう姿は見ないですね。つまり、私たちが「見守ってくれている」と期待するのは、私たちのご都合のよいときだけなのです。そんなご都合次第で、亡き人に見守ってもらったり、目をつぶってもらったりするわけにはいかないでしょう。

かといって、「いいえ、見守ってなんかいません」と答えるわけにもいきません。実際の生活の中でも、間違った選択をしそうになったのがふと気が変わり、結果的に正しい選択をしたときなど、亡き人の見守る力が働いたのだと思わせることは往々にしてあるからです。

しかし、その〝見守る力〟を〝亡き人の霊〟と同一視してしまうと、あなたの主体性がなくなってしまいます。しかも〝守護霊〟があなたの行動や判断に大きな影響力を持っているなどと考えだすと、どんどん誤った方向へ行き、あやしげな霊能者の商売にも利用されかねません。あなたは亡き人の霊の操り人形ではありませんからね。

では「見守る」というのはどういうことなのか。辞書によれば……①目をはなさないで見る。間違いや事故がないようにと、気をつけて見る。「子どもの成長を見守る」。②じっと見つめる。注意深く見る。熟視する。「成り行きを見守る」。

どうもこれらの意味は「一緒にいる間は」という前提がありそうです。親や親友は、生きて一緒にいるときはあなたのことを見守ってくれていたはずです。しかし、亡くなってからも見守ってくれていると考えるのは、生きている人間のご都合優先のロマンのような気がするのです。

私は亡き人に見守られているのではなく、「心配り」を受けていると思っています。その心配りは、よくわからない霊界から差し出されたものではなく、私の心の中に保管されているものだと思うのです。

私が亡き人と、生きている間に紡《つむ》いだ数々の思い出……。それらは単なる思い出として残っているものもあります。しかし、時と場合によって私を悲しみから立ち直らせたり、勇気づけたり、いろいろなことを気づかせる働きをすることがあります。

そのときの、亡き人との思い出の力を「見守る」と表現するのであれば、「いつでも見守っている」と言ってもさしつかえないでしょう。私はそれを「思い出を残すことで、今でも私に心配りをしてくれている」と言いたいですね。

配られた心をあなたがどう生かすか

ちなみに、不摂生な、あるいはふしだらな生活をしている人に「死んだ親が心配しているぞ」と親戚の年長者が戒《いまし》めることがあります。生んでくれた親に対して申し訳ないと思わせることで、まともな生き方をしてもらう効果はあるかもしれませんが、私はこれも違うと思うのです。

心配というのは「心を配る」と書きますが、「心配り」とは大きな違いがあります。心配は往復ハガキのようなもので、心配したらその返事がほしくなります。息子が働きすぎで体を壊さないかと心配する親は、本人が体を休ませないと（つまりこれが返事）いつまでも心配でたまりません。少し休養するという「返事」をもらってやっと安心できるのです。

亡き人は、私たちのことを心配しているのではなく、心配りしてくれているのだと思うのです。心配りに徹すれば、配ったほうは、後は本人任せです。つまり私たちの主体性が大切なのです。亡き親から受け継いだ命や、縁ある人たちとの思い出という心配りを受けて、私たちは今日も生きています。

死んだらどこへ行くの?

お釈迦さまは「人は死んだらどこへ行くのか」という弟子の質問に対して、「そんなことは誰にも証明できないから、思考を停止しなさい。不可思議(思議すべからず)としておきなさい。そんなことを考えるより、どう生きるのかを真剣に考えればいいのです」と言ったそうです。

この話に対しては、今でも「そうだ、そうだ。お釈迦さまの言うとおりだ」という人もいれば、「お釈迦さまは死後について知っていたけど、その弟子に言っても間違った解釈をしそうだから言わなかったのだ」という人もいます。

で、私はどう思うかというと……私は元いた場所に戻るだろうと確信しています。父の精子でも母の卵子でもなかったときにいた所です。父の飲んだお酒の中や、母の食べた野菜の中にも、ごく微量ながら私の一部が存在していたでしょう。そのように、地球や宇宙に拡散していたはずです。

ですから、何の心配もいりません。死んだら故郷に帰省するようなものです。

結果として、お釈迦さまの言うとおり、生きている間(今)をどう生きるかをだけ考えて、実行すればいいのだと思います。

第六章

「般若心経」を暮らしのなかへ

羯諦　羯諦　波羅羯諦　波羅僧羯諦　菩提薩婆訶　般若心経

般若波羅蜜多の呪文を説きます。「羯諦《ギャーテー》　羯諦《ギャーテー》　波羅《ハーラー》　羯《ギャー》諦《テー》　波羅僧《ハラソー》　羯諦《ギャーテー》　菩提薩婆訶《ボージーソワカー》」これが般若の真髄です。

故説般若波羅蜜多呪《こせつはんにゃはらみったしゅ》　即説呪曰《そくせつしゅわつ》　羯諦《ぎゃてい》　羯諦《ぎゃてい》　波羅羯諦《はらぎゃてい》　波羅僧羯諦《はらそうぎゃてい》　菩提薩婆訶《ぼじそわか》

呪文を唱えることで悟りのトビラが開く

いよいよ最後はお馴染みの真言を導き出す結論部分です。

この最終節の前には、「故に知るべし、般若波羅蜜多の門を開く呪文がある（故知般若波羅蜜多《こちはんにゃはらみった》）。それは人知を越えた呪文（是大神呪《ぜだいじんしゅ》）、迷いという暗闇のなかで光り輝く呪文（是大明呪《ぜだいみょうしゅ》）、この上ない呪文（是無上呪《ぜむじょうしゅ》）、比べるものがないほどすぐれた呪文（是無等等呪《ぜむとうどうしゅ》）なのだ。その呪文は能《よ》く一切の苦を除き、真実にして虚しいことがない（能除一切苦《のうじょいっさいく》　真実不虚《しんじつふこ》）」という、いわばクライマックスへ導く前口上のような一節が入ります。

「羯諦　羯諦　波羅羯諦　波羅僧羯諦　菩提薩婆訶」の呪文の部分は、言葉自体に言霊《ことだま》としての力があるので、古来訳されていませんし、訳す必要もないとされていますが、あえて訳すと「往《い》ける者よ、往《い》ける者よ、彼岸に往ける者よ、彼岸に全く往ける者よ、悟りよ、幸あれ」といった意味です。

悟りの岸へ渡るための智慧（般若波羅蜜多）そのものが、最後に真言として表わされるのです。

仏教の多くの教えを取り込みながら展開してきたこのお経の内容は、空《くう》を知り無常を知ることで、こだわりを捨て、人生をのびのびと楽しめということ。そして、この真言によって般若波羅蜜多の門が開くというのです。

般若心経全文を読むのにかかる時間は、普通は約二分というところでしょう。しかし、その時間もないときはこの真言だけを唱えてもよいという伝えがあります。仏壇の前で「ギャーテー・ギャーテー……」。お通夜やお葬式でお焼香しながら「ギャーテー・ギャーテー……」。道端に祀《まつ》られている仏さまの前を通り過ぎるとき「ギャーテー・ギャーテー……」。町で「交通死亡事故現場」の看板を見たら「ギャーテー・ギャーテー……」。

さて、生きる目標を何に定めますか

人生の後半戦こそ般若心経的生き方を

作家の故・遠藤周作さんは、その著書『死について考える』（光文社文庫）で次のように述べています。

「隠居という言葉が死語になりつつあって、定年とか、第二の人生とかいわれていますが、それは退却を転進といったのと似ているように思います。昔は隠居するということは次の世界を信じ、そこに向かう旅支度だったのです。隠居生活は今までの生活重点主義を捨てて人生を直視することだったのです。生活に心を集中していると、本当の人生がボヤけてしまいます」

遠藤さんは、生活はかならずしも人生ではないと言います。私も同感です。

〝生活〟が中心ですと、どうやって食べていくかが問題になります。『新明解国語辞典 第五版』の「生活」にはこうあります。

①生物が生きていて、からだの各部分が活動していること。②社会に順応しつつ、何かを考えたり、行動したりして生きていくこと。［狭義では、家族と共に食べて行けるだけの余裕が有ることを指す］

②はいかにもこの辞書らしいウイットに富んだ定義です。さらにユニークなのは「生活態度」の説明――「生きる目標をどこに置くか（中略）、他人・社会との関わりはどう有るべきか、自分をどうやって磨き高め豊かにしていくか、などの基本的問題について考えた上で（何も考えないまま）過ごす毎日の生活のしかた」

こうなるともう〝人生〟そのもの、まるで仏教の教えのようです。

人生も後半戦に入ったら、「家族と共に食べて行けるだけの余裕」の〝余裕〟ばかりを大きくするのではなく、生きる目標を、目の前の変化に一喜一憂しない〝心安らかな境地〟に設定しませんか？　そして、他人や社会とのかかわりは〝おかげさま〟をモットーに丸く納め、固定観念にふりまわされず、こだわりを捨て、自分を磨いていく――そんな人生をなるべく早くスタートさせたいものです。

傘を持ってとにかく出かけましょう

初めの一歩で〝娑婆〟が変わる

仏教語に〝娑婆《しゃば》〟という言葉があります。普通は刑務所などの自由を束縛された世界から見た、外の自由な世界という意味で使われることが多いようですが、もとの意味はほとんど正反対です。

もともとはサハーという梵語で、これに娑婆という字があてられました。その意味は〝耐え忍ぶ場所〟。この世は耐え忍ぶ場所、それが娑婆だというのです。

ここで、「ああ、お釈迦さまの言うとおり本当にこの世は耐え忍ぶ場所。思いどおりにならないことばかりだ」などと嘆くには及びません。なぜなら、この世を〝耐え忍ぶ場所〟にしてしまっているのは、あなた自身だからなのです。

あなたの「自分のご都合どおりにしたい」という思いが多ければ多いほど、強ければ強いほど、この世はますます娑婆と化します。また「私の思うようにならないのでは?」という不安のため、具体的な初めの一歩を踏み出せずに悶々としていれば、これまた耐え忍ばねばならない状態が延々と続くことになります。

バニラアイスが食べたいのにシャーベットしかないのなら、今回はバニラを諦めてシャーベットを食べればいいのです。そして「これはこれで美味しいな。バニラアイスとはまた別の食べ物なのだな」と素直に気づけばいいのです。

「雨が降ったらどうしよう」と家から出もせずに心配しているより、傘を持ってとにかく出かけてしまえばいいのです。

「無明」という迷いの世界(140ページ参照)も、迷いの世界にしているのは、私たち自身なのです。

人に好かれたいとご機嫌取りの太鼓持ちになり、自分を失ったり、嫌われたらどうしようと心を小さくしてオドオドしているよりも、こちらから人に関心を持ち、他の人の良いところをさがして、好きになってしまえばいいのです。さあ、小さくても、たくさんの初めの一歩を踏み出して、ギャーテーしてみませんか。

繰り返し唱えれば仏さまが身近に

読経のすすめ――般若心経の唱え方

般若心経の読経《どきょう》の基本は、漢字一字を一拍で読んでいくこと。一拍というのは木魚でポクと一回叩く間です。ポクポクポクなら三拍です。ただし最終節の真言部分の「波羅《はら》」と「薩婆《そわ》」だけは漢字二字を一拍で読みます。読む速さは人それぞれです。私の場合、法事の席で慣れていない方が多いときは、一秒に二拍くらいの速さでしょうか。一人で読むときはその倍くらいの速さになります。修行のときには一息で読んだ記憶がありますが、そばに人がいたらブーンと唸っているようにしか聞こえなかったでしょう。

読み方には、宗派によって若干違いがあります。「観自在菩薩《かんじざいぼさつ》」の「菩薩」を「ボー・サッ」と読む場合と、「ボー・サー」と伸ばして読む場合がありますが、どちらが正しいということはありませんので、気にしなくてけっこうです。

この本もそうですが、般若心経にはたいていルビがふってあるので、それにならって読誦すればいいのです。ただ、法事や読経の会など、他の人と一緒に唱える場合には、その会場（道場）で使用している教典のルビで読み癖をつけておくと、違和感なく読めます。

息継ぎの場所はとくに指定はありません。本来なら、漢文の意味の切れ目で切りたいところですが、実際は意味に関係なく、語呂のよいところは一息で唱えたくなるので、窒息しない程度に息継ぎをすればいいです。慣れてくると、息を吸いながらでも唱えられるようになります。最近はCDショップや図書館にも般若心経のCDが置いてあるので、聴きながら一緒に読経すると早く覚えられます。

お経は何度も何度も繰り返して読むことで、ルビではなく漢字の意味を捉えながら読めるようになります。すると日常の中で「なるほど、〝顛倒夢想《てんどうむそう》〟とはこういうことか」と思い当たることに出合います。どうぞ、スラスラ読めるようになるまで、頑張ってください。

往《い》きましょう、往きましょう、安らかな境地へ

真言（呪文）はただのおまじない？

般若心経では、般若波羅蜜多の真言が最後に説かれます。この梵語の真言をとても大切にしている宗派が、日本では私が属している真言宗。弘法大師（空海）が広められた教えです。

真言宗のお坊さんたちは、修行のとき、数珠《じゅず》を繰りながら何種類もの真言を何百回も唱えます（数珠は数を数えるための道具でもあるのです）。

ただやみくもに唱えているわけではありません。真言を唱えるときは、その真言に対応する仏さまのことを観想（イメージ）したり、真言によって決められている情景を思い浮かべます。

たとえば、お不動さまの真言を唱えるときには、心の中にお不動さまの姿と、煩悩を断ち切る勇気を呼び起こす訓練（修行）をします。こうした訓練をすると、お不動さまの真言を数回唱えただけで、勇気がわき上がるようになります。「よしっ、やるか！」と思えるようになるのです。

お薬師さまの真言を唱えながら、体の免疫力がアップするイメージをする訓練をすると、真言を唱えただけで、条件反射のように自然治癒力が高まっていくようです。

真言というと、なにやらうさん臭いまじないのように思う方がいるかもしれませんが、そのまじないも、訓練することで効果が現れてくるものなのです。

般若心経のギャーテー・ギャーテーの真言もしかりです。意味はわからずとも、心の迷いのない安らかな境地へ到達して、あるがままの世界をそのまま楽しんでいることをイメージできるようになれば、ギャーテー・ギャーテーの真言だけでもその境地に達することができるのです。

その訓練が、般若心経を読んだり、写経することなのです。

心を静めて仏さまと一体になる

写経のすすめ――その方法

お経の文字を一字一字書き写す写経――写経用紙の正面に座り、背筋を伸ばして、仏さまの教えを丹念に書き写す行為は、そのまま仏道修行です。

一字一字は一つ一つ仏さまを作ることと同じでもあると言われています。

用紙はなるべくにじみの少ない、筆当たりのよい紙を選びましょう。できれば良質の墨を小さめの硯で磨《す》るようにします。磨る音、墨の香りなどが写経前の静かな心を作るのに適しているからです。筆は写経用のものが簡単に入手できます。もちろん筆ペンでもいいですし、サインペンやボールペン、鉛筆でもけっこうです。最近は文房具店でも手本や筆記具まで入った写経セットを売っています。

最初は手本の上に用紙を置いて、トレースしてもいいです。それでも初心者は「般若心経」一巻写すのに一時間半くらいかかります。心静かに一時間半過ごすのは、非日常の経験。だからこそ、日常の考え方を見つめ直し、自分がとらわれている思考からポンと脱出することもできるのです。トレースすることに慣れたら、手本を横に置いて、見ながら書き写してもいいでしょう。

写経には失敗はありません。文字を間違えたときは、その文字を縦線二本で消して、その行の上、もしくは下に正しい字を書いておきます。行が丸ごと一行抜けたら、抜けた行間の上に●印をつけて、左右どちらか空いている所に書き加えればいいのです。

本文が書けたら、行を変え、氏名を書いてその下に謹写（浄写・敬写）と記します。さらに、身体健康や家内安全、心願成就などのお願いごとがあれば、「為〇〇〇〇〇也」（〇〇〇〇の為なりという意）と書きましょう。亡くなった方の供養のためなら、「為［戒名］（俗名なら故〇〇〇〇）供養也」と書きます。

写経し終えたものは、縁あるお寺か近所のお寺に納めたり（お葬式などでは柩《ひつぎ》に納めたり）するといいでしょう。

細筆で仏さまを自分の心に導き入れる

写仏のすすめ――その方法

写経も写仏も、もともとは印刷技術がなかった時代に、お坊さん（もしくは経師）が一つ一つ写していたことがもとになっています。

やがて、それが仏道修行として一般に広まるようになりました。真言を唱えるとき、仏さまの姿とその誓願をイメージすると述べましたが、写仏は、心の中で行なっていたものを実際に紙の上に再現する修行といってもいいでしょう。

お手本になる仏さまのお姿は、手軽には入手できませんが、大きな書店へ行けば、写仏のテキストは手に入ります。また、インターネットで写仏のお手本をダウンロードする方法もありますから、調べてみるといいでしょう。

お手本にもよりますが、一般的に写仏は、針金のような同じ太さの線で描くので、筆は線描きに適している面相筆を使います。筆には大中小がありますが、小では墨の含みが少なく、線がかすれてしまうので、中か大を使いましょう。

写仏に使う用紙は、にじみ止めがほどこされている紙（ドーサびき）が使われます。ゆっくり線をトレースしても、墨がにじむことがないので安定した線が描けます。

しかし、にじみが少ないということは、それだけ乾きが遅いということ。せっかく描いた線を手でこすってしまうことがあるので要注意です。右利きの人は左上から、左利きの人は右上から書きはじめるといいでしょう。

衣のヒダなどの線は、仏さまの腕や持ち物などで、途中で切れていることが多いので、線が腕の後ろを通り、どこへ繋がっているのか理解した上で描くと自然な線になります。また、瞳と、眉間にある「白毫《びゃくごう》」（巻毛が丸くまとまったもの）を最後に描くことになっています。画竜点睛《がりょうてんせい》と同じですね。

今流に言えば、写仏は仏さまを自分の心にインストールする修行です。この訓練をしていると、どこでも本堂（道場）として感じられるようになります。

お坊さんは何のためにお経を読むのか

お坊さんは何のためにお経を読むのでしょうか？　また、お経はなぜ難解な漢文なのでしょうか。ありがたいとは思いつつ、聞いているほうはまるで意味がわからず、長いと眠くなってしまいます。（54歳男性）

法事での読経は亡き人と仏さまの供養のため

仏事の際に、お坊さんによって読まれるお経――どうもみなさんの印象はよくないようですね。ムニャムニャした滑舌がハッキリしない話し方や、ボソボソと口腔《こうくう》で音がとぐろをまいているような話し方を「お経みたいで何を言っているのかわからない」とたとえるが如しです。

実際の法事などでは、しっかりした発声で読経するお坊さんも多いのですが、たしかに朝夕お坊さんが本堂であげるお経は、何を言っているのかわからないと形容されても仕方がない発声法かもしれません。なぜかというと、このとき、お坊さんは仏さまとだけ向き合っているからです。他の人に聞かせるためにお経を読んでいるわけではなく、自分と仏さまの間にだけ交わされる一種のコミュニケーションなのです。自分の心と仏さまの心にお経が響いていればOKで、実際に鼓膜に届く音量はあまり関係ないことになります。

このお経をお坊さんがどうして読むかというと、いくつか理由があります。

①仏の教えをお坊さんみずからが勉強するため。

「読書百遍《どくしょひゃっぺん》義《ぎ》自《おのずか》ら見《あらわ》る」と言うように、百回も繰り返して読めば、意味がわからなかったところも自然にわかるようになることがあります。それまで何気なく読みとばしていた言葉が、物事の真実を言い当てていることが突然わかる、というのもよくあることなのです。

②仏の弟子であることを仏さまの前で再確認するため。

「私はこういう教えを杖として仏道を歩んでいけばいいのですね」という確認です。こういう気持ちでお経を読むと、仏さまがニッコリ笑ってうなずいてくれる姿が脳裏に浮かぶものです。

③お坊さん自身が師僧となって、弟子となった人（亡くなった方も含みます）に仏教を説いて聞かせるため。

「いいですか。仏さまの教えってこういうものですよ」という気持ちで読みます。私の場合は「さあ、あなたも私も仏道を歩む仲間ですから、この教えを拠りどころとして進んでまいりましょうぞ」という思いです。

④仏さまをもてなす（供養）ため。

若い方々の中ではやっているサプライズ・バースデイ。私が参加した企画は、ケーキのロウソクが吹き消された瞬間に、参加者全員で本人が好きな歌を合唱するというものでした。これと同様で、仏さまが説かれた教え（お経）を、ご本人の前で奉読することは、仏さまへの大きな供養（もてなし）になります。

⑤お経の持っているパワーで、悪いものを祓《はら》ったり、善いものを招き寄せたり、あるいは悪いものを善いものに変えたりするため。

厄除けとか、家内安全などの祈願のときに読まれるのがこの理由です。

では質問に戻りましょう。お葬式や法事で読まれるお経は、おもに③の仏さまの弟子になった亡き人に説き聞かせるためと、④の仏さまを讃えて亡き人の行く末をお願いするため、と考えていただければいいでしょう。

みなさんが、ご家庭の仏壇の前で読むお経も同じ理由です（仏教徒の意識が高ければ①自分の勉強のためと②再確認として読むこともあるでしょう）。

また、お経はなぜ漢文・漢語のままなのか、日本語の読み下し文や文語にすれば少しは意味がわかるようになるではないか、という意見も少なからずあります。

漢文なのは、中国から仏教と経文が伝わってきたときの形を現在もそのまま踏襲しているからです。昔の日本のお坊さんは一生懸命勉強して、漢文のままでも理解できたのです。

また、漢文には独特の音とリズムがあり、これを日本語に置き換えてどんなに格調高い文章にしても、仏の独特の世界を構築するのはむずかしく、お経の持つパワー（これを理屈で説明するのは無理があります）も薄れてしまうということなのです。

「般若心経」を覚えたいと思うが

「般若心経」を覚えようと思います。このお経にはどんな功徳があるのでしょうか。また、いつどんなとき唱えるのがいいのでしょうか？（56歳女性）

亡き命への最高のもてなし

身近な方が亡くなったり、あるいは亡き人をお参りするときに、般若心経だけでも唱えられることはとてもいいことです。

丸暗記せずとも、この本の般若心経全文のページを仏壇のそばにでも置いて、日々声に出して読むだけでもいいのです。お線香をあげてチーンと鳴らしただけでは味わえない、「何かをし得た」という心の安定感を持つことができます。

私たち一人一人が、たかだか百年くらいの寿命でいくら考えてもたどりつくことができない、深くて澄みきっていて、素晴らしい精神的境地のエッセンス――これが般若心経の内容といってもいいでしょう。

般若心経を生みだした仏教とは、二千年以上にわたり、多くの出家者たちが世の中のあり方を熟慮し導きだした、人や自然を含めた〝宇宙のあり方〟の教えといえます。もちろん、その教えは出家者が出家する以前の生活や習慣を丸ごと抱えて到達したもので、世捨て人の戯言《たわごと》でもなければ、俗世と縁を切った聖人のそれでもありません。

これまで述べてきたように、般若心経は最初に世の中の本当のあり方（姿）を説き、それまでの仏教の考え方にもこだわるな、固定観念を捨ててしまえと展開し、最後に悟りにいたるための真言が示されます。

一切の苦から離れた安らかな境地、つまり悟りにいたる道筋を示したお経であり、その意味では、仏さまの功徳について書かれたお経や、仏さまの浄土について書かれた〝信じる者しか信じない〟という他のお経とは趣を異にしています。

だからこそ、般若心経は宗派を超えて読まれ続けているのでしょう。

このお経の、みなさんにも身近なものとなる功徳は、まず、亡き命へのもてなし（供養）ということ。悟りへの道筋が書かれているわけですから、現世のシガラミを離れた世界へ逝った魂へのプレゼントとして、もってこいの内容なのです。

そして、邪悪なもの（人でも霊でも思考でも）に出合ったときに、こだわりを捨てさせて善良なるものに変化させる力があるので、いわゆる〝魔除け〟としての力（前項の⑤）もあります。

心が落ち着き、元気がみなぎってくる

そして忘れてはいけないのが、今を生きているあなたへの功徳です。

まず、音読するときの単調なリズムが、そのときの私たちの心の状態を適切なものにしてくれます。不思議ですが、低音で淡々と読めばわずか二分程度でどーんと心が落ち着いてきます。そして、力強く唱えれば、命のエネルギーの源が一定のリズムで脈打つ心臓の鼓動であるように、読経のリズムによって元気がみなぎってきます。

さらに、「観ずること自在」「色はすなわち是れ空」「老いず」「死なず」「無明も無く」など、深い意味を持つ言葉に多く接することで、それぞれの言葉が人生をよりよく生きるためのキーワードであることに、暮らしの中でいつか気づくことになります。「日めくり」の言葉にハッと気づかされることがあるでしょう。それと同じように潜在意識に働きかける力を持っているのだと思います。

では、いつどこで唱えるのがいいかというと、これに決まりはありません。いつどんなところで唱えてもかまいません。まさかお酒飲みながら、お煎餅を食べながら読む人はいないでしょうから、常識的な判断でけっこうです。——というより、毎日読んでいると、般若心経が読むべきときと場所を教えてくれるようになります。

全文を読めない場合には、最後の真言「ギャーテイ・ギャーテイ・ハーラー・ギャーテー・ハラソウ・ギャーテイ・ボージー・ソワカ」だけでもいいです。ちなみに、私はゴキブリや蚊を殺生したり、犬や猫が車に轢《ひ》かれている場所を通るときなどは、この真言を唱えるようにしています。

仏さまにいちいちお供えする意味

うちの両親は、いただきものは必ず「ホトケさまにあげてから」と言って、仏壇に供えてからでないと食べさせてくれませんでした。小さい頃は面倒くさいなと思うだけで、理由もたずねませんでしたが、この「仏前にお供えする」ことにはどんな意味があるのでしょうか？（35歳女性）

先祖の「おかげ」への感謝の習慣

よいご家庭に育ちましたね。そういう習慣が子どものうちから身についていれば、人生がきっと豊かなものになるでしょう。

仏教の最終目的は、苦悩が多い世にありながら、「心安らかな境地になる（悟る）」こと。山登りにたとえると、そこに到達するためにさまざまなルートが用意されています。そのうちの一つが、「よーく考えてごらんなさいルート」、別名「智慧ルート」です。般若心経もこのルートで「心安らかな境地」を目指そうとするものです。

このルートで進んでいくと、途中で「なんだかんだ言っても、私は幸せなんだと気づきましょう展望台」へ到着します。

「あなたが今ここにいる」という事実は誰にも否定できません。そのあなたが毎日食事をしては「おいし〜」と言い、お風呂に入れば「わぁ〜極楽、極楽」とゆったりし、雨露しのげる場所で「おやすみ」と寝ることができる——。

その理由をよーく考えれば、生んでもらったから、つまり両親のおかげです。その両親にも親がいますから、おじいさん、おばあさんのおかげ、つまり、先祖のおかげというわけです。

「こうして、よそからいただきものをして食べることができるのも、ご先祖さまのおかげです」——そういう意味で、まずご先祖のいる仏壇に供えるのです。

もし、くださった方が先祖と何らかの関係があれば、先祖に感謝する思いはなお強くなるでしょう。自分が食べるより先に、まず先祖へ供えるという習慣は、仏教では菩薩のモットーである「自未得度《じみとくど》、先度他《せんどた》（自分より先に他を先に悟りへ渡す）」に通じる、心うるわしい行いなのです。

今こうしていられる幸せにありがとう

いただきもの以外に、その年食べる初物をまず仏壇（神棚）にあげる習慣もあります。地域によっては神社に奉納することもあります。これは自然の恵みに対する感謝。「このように、自然（神さま）の恵みによって作物が実りました。ありがとうございました」という意味です。

仏教的に言えば、自分が食べるより先に「いつも先祖がお世話になり、ありがとうございます」という感謝として、仏壇の中央奥にいらっしゃる本尊さまへさしあげる。加えて、「どうぞこれを先祖へ届けてやってください」という報恩の気持ちが込められた行いです。

このように、いくつもの感謝の心が混ざり合ったのが「いただきもの、あるいは初物を仏壇に供える」という行為の意味なのです。

そして、これらの感謝の土台にあるのが、「なんだかんだ言っても私はこれでどうして、けっこう幸せだな。それは先祖や神さまや仏さまのおかげなのだな」という思いです。

冒頭でたとえた展望台から下や周囲を見てみると、自分を支えてくれている多くの「おかげ」の数々を一望できるようになります。展望して「ありがたい」で終わってはいけない、そこでそれを形に表わしていくわけです。

そんなわけで、お寺の本尊さまはずいぶん初物を頂戴します（結果としてありがたいことに住職も頂戴します）。ご法事などで、本尊さまへのお供物について聞かれることがあります。私はそういうとき「亡くなった方が好きだったものをご用意くださいませんか。それを本尊さまに届けてもらいましょう」と申し上げます（さすがにナマモノはご遠慮いただきますが）。

密蔵院の檀家さんの中には、「本尊さまや先祖が飲んだあとに、住職も飲んでいいからさ」と、どこで知ったのか、私の好きな赤ワインを奉納してくださる粋な方もいらっしゃいます。

家に仏壇もなく墓参りにも行けない

親の墓が遠くにあり、年に一～二回しか墓参りできません。自宅に仏壇もありません。本来、故人への日々の供養はどのようにすべきなのでしょう？（48歳男性）

小さなお位牌だけでもいい

仏壇がなく、親にお参りもできないということなので、まず仏壇というものについて説明しておきましょう。

仏壇は、仏さまを祀《まつ》る場所です。いわばお寺の本堂のミニチュア版です。その仏さまの近くに亡き人の位牌を安置します。仏壇は、仏さまに亡くなった人のことを「頼みます」と願う場所で、主役は仏さまなのです（もし位牌だけが置いてあるなら、仏壇ではなく「位牌壇」です）。

このような〝亡き人のことを仏さまに頼む拝み方〟をしていると、仏さまがいらっしゃれば、位牌の有る無しにかかわらず、どこでも亡き人のことをお願いすることができます。お坊さんたちは、仏さまはどこにでもいらっしゃることを知っていますし、そのように感じとるための訓練（修行）もしているので、どこでも拝んだり、供養することができます。

でもそれは一般の方にはむずかしいでしょう。また、お墓が遠くてそうそう足を運べないなら、無理なことは言えません。そこで具体的なアドバイスです。

ご相談のように、自宅に亡き人の何の依代《よりしろ》もなければ、供養する実感はなかなかわきませんね。かといって、故人の形見の品や遺骨を魂の依代とするのも、少々生々しすぎて、日常の習慣として手を合わせるのはむずかしいでしょう。

そこで、もし亡くなった方に対して、感謝と報恩だけで供養（おもてなし）するなら、小さなお位牌を作って、清潔な場所に飾り、お線香（亡き人が好んで食すという）と、魂の清らかならんことを祈るきれいなお水をあげて供養されることをおすすめします。

ただ、この方法は仏さまを介さず故人を直接拝むことになりますので、故人に対して何か負い目がある場合はおすすめしません。

自分に何か不都合なことが起きた場合に、故人への負い目から、祟《たた》りという死者からのメッセージだととらえてしまい、「祟り鎮《しず》め型」という恐怖を土台にした祀《まつ》り方になってしまうからです。位牌だけ祀るこの方法が成り立つのは、亡き人が清らかで、あなたに何の害を加えることもない仏さまと同体だということをしっかり認識している場合に限ります。

故人への思いを届ける方法

もし亡き人に対して負い目があるようなら、お祀りの仕方をもう一段階グレードアップしたほうがいいでしょう。

仏壇を用意できればいいのですが、そういう場所もないときは、お位牌の後ろにお好きな（相性のいい）仏さまを仏具屋さんやお寺に頼んで購入し、開眼供養したあとにお祀りして、「うちの親のこと、よろしくお願いします」と仏さまに祈ればいいでしょう。こうなると仏壇を購入するのと出費もあまり変わりませんが。

さまざまな事情でお位牌も仏さまも家の中に祀れない場合の方法をアドバイスします。住んでいる地域の中や、職場のそば、あるいは通勤、通学途中にお寺はありませんか？　あるいは道端にお堂がありませんか？

あれば、そのお寺やお堂へお参りして、「うちの親のことをお願いします」と手を合わせれば、大丈夫です。お線香をあげられるならなおいいです。

住職がいるお寺であれば事情を説明して、本堂に上がらせてもらってお線香をあげれば一層納得のいく供養ができるでしょう。

ほかにも、毎日できることではありませんが、親御さんが好きだったものを、菩提寺に送って、「本尊さまにお願いして、これを親のところへ届けていただければ幸いです」と住職宛てに手紙を添えるのもよい方法です。

以上のどの方法もむずかしいようでしたら、毎日空を見上げて手を合わせ、「ありがとう」と思いを届けましょう。お墓がどんなに遠くても空でつながっていますからね。

線香や数珠の役割、回忌法要の意味は

先年母を亡くし、葬式からその後の法要などみな初めてのことで、とまどうことばかりでした。数珠を持つ意味、線香をあげる意味、また三回忌、七回忌などの法要の意味を教えてください。（42歳女性）

葬儀には仏と先祖の智恵が凝縮されている

葬儀の形式化、形骸化が言われはじめて三十年ほど経つでしょう。ついには、お経の意味もわからない、戒名だって意味がない、仏教でお葬式をやる意味もわからないのだから、坊さんなんか呼ぶ必要はない――そんな葬儀が

都市部では急増し、全体の四割近くを占めるまでになっています。

原因は核家族化や経済的事情（無駄に思えることにお金を使いたくない）などさまざまですが、その大きな要因の一つがお坊さんの怠慢だと思います。

核家族化が進んでやはり三十年から四十年になります。仏式の葬儀の意味を伝えるべきお年寄りが家族と同居しなくなり、子の代、孫の代には身近な人の葬儀にふれる機会も減っています。こうなる前に、現状を予測して、僧侶が機会あるごとに葬儀や法事の意味をみなさんに伝えておくべきだったろうと思います。

葬儀から一連の行事の中には、亡き人も含めて私たちが心安らかになるための先祖からの智恵が凝縮されています。細かく説明していると膨大になるので、とりあえずご質問の項目について説明しましょう。

数珠《じゅず》（念珠ともいう）は何かをお祈りするとき、お願いごとをするときにすります。亡き人への祈りだけでなく、安産や交通安全、日々の健康を祈る際にもすってお願いします。本連と呼ばれるお坊さんが持っている数珠は珠《たま》が全部で百八。人間の煩悩の数です。自分の煩悩をすりつぶしてきれいな心でお願いするという意味があります。

また、数珠には計算器の役割もあります。大きな珠から七つ、または二十一という区切りで小さい珠や種類の異なる珠が入っています。「南無阿弥陀仏」や「南無妙法蓮華経」や真言などは何度も唱えることがありますが、この変わった珠はそのときの目印です。わざわざ指を折って回数を数えなくても、あるいは暗い中でも数えることができるようになっているのです。

みなさんが持っている数珠は普通、本連の四分の一の二十七の珠でできているものが多いでしょう。数を数える機能は七、二十一であればこれで十分です。珠数が少なくても用途は同じです。煩悩をすりつぶして心を清らかにしてお願いする法具だと心得て、大切にお使いください。畳や床に直接置くのは避け、持ち歩くときは数珠袋に入れて携帯するといいでしょう。

法要は故人をしのび縁者が交わる場

お香は、本来は香木というよい香りのする木を細かくきざんだものを使いますが、お線香は、それを粉にしてニカワで固めて供えやすくしたものです。

香りで仏さまや亡き人をもてなす意味があります。みなさんも玄関や部屋にア

ロマポットや芳香剤を置き、香りでお客さまをお迎えすることがあるかと思いますが、それと同じ意味です。仏教の場合は、仏さまが好み、また心が落ち着く香りとして伽羅《きゃら》や沈香《じんこう》などを主に使います。心が静かに落ち着かないと亡き人への思いも散乱してしまいます。亡き人からのおかげを感じることもできません。

法事を執り行なう時期は、最初に物事が安定する三、そして七という数が基本になります。この二つの奇数は古来中国で区切りの数として尊重され、世界的にも不思議な力をもつ数とされているようです。日本でも「七五三の祝い」などにこうした古くからの数の信仰が反映されています。

法要は、七の倍数の四十九日法要（中陰法要）、一周忌（翌年）、三回忌（翌々年）、七回忌などを経て、一般には三十三回忌で弔い上げとして、故人は先祖代々の仲間入りとなります。祥月命日《しょうつきめいにち》（毎年の命日）にもできればお墓参りをしてください。

ほかにも法事には、数年に一度、お坊さんの読経をいただいて、縁ある者たちが集い交わるという大きな意味があります。それぞれが親しい人が亡くなってからの自分の人生を省みる大切な場でもあります。

著者紹介
名取芳彦（なとり・ほうげん）
昭和33年、東京都江戸川区小岩生まれ。大正大卒。昭和59年より密蔵院住職。真言宗豊山派布教研究所研究員。豊山流大師講（ご詠歌）詠匠。密蔵院で写仏講座・ご詠歌指導を行うほか、ライブハウスでの聲明《しょうみょう》ライブ、フリーマーケット布教、出張法話などの活動を行っている。著書に『…なんだそうだ、般若心経』『人生を○《まる》洗い』『般若心経、心の「大そうじ」』などがある。
○元結《もっとい》不動密蔵院ホームページ
http://www.mitsuzoin.com/index.html

参考文献
『般若心経』教化センター参考資料⑪　真言宗豊山派教化センター
『般若心経・金剛般若経』中村元・紀野一義訳注（岩波文庫）
『蜘蛛の糸』芥川龍之介（新潮文庫）
『不安のしずめ方』加藤諦三（ＰＨＰ文庫）
『外国人の疑問に答える日本語ノート』水谷修／水谷信子（ジャパンタイムズ）
『日本人とキリスト教』遠藤周作（新潮カセットブック）
「日本を美しくする会」ＨＰhttp://www.souji.jp/
他

●構成／宮下 真（オフィスM２）
●本文デザイン／橋本秀則（シンプル）
●編集担当／影山美奈子（永岡書店）
●DTP製作／センターメディア

心がすっきりかるくなる　般若心経

著　者 ――――――――――――――――名取芳彦
発行者 ――――――――――――――――永岡修一
発行所 ――――――――――――――株式会社永岡書店
〒176-8518　東京都練馬区豊玉上1-7-14
代表☎03（3992）5155　編集☎03（3992）7191
印　刷 ――――――――――――――――図書印刷
製　本 ――――――――コモンズデザイン・ネットワーク

ISBN978-4-522-47608-6
落丁本・乱丁本はお取り替えいたします。⑬